秘蔵古写真

紀行

監修 日本カメラ博物館

大浦川と長崎港

山川出版社

CONTENTS

秘蔵古写真 紀行

CONTENTS
秘蔵古写真 紀行

東京都区内は『秘蔵古写真 江戸』で特集したので、本書では掲載しておりません

「紀行」撮影の写真師たち

谷野　啓　（一般財団法人 日本カメラ財団　常務理事）

外国人カメラマンが見た幕末明治の日本

　幕末になると多くの外国人が日本を訪れた。その中には写真家や画家もいた。幕末・明治初期の時代、日本は欧米人にとっては未知の国であったが、その人たちは撮影した日本の風景、風俗、習慣などをアルバムにして外国人向けの土産とした。また、写真を貼付した海外向け新聞などによっても、欧米に幕末・明治初期の日本は広く紹介された。

　日本の写真師の中では、風景写真を多く残した写真師として、内田九一が挙げられる。

内田九一の「西国・九州巡幸」

　明治5年（1872）、明治天皇の「西国・九州巡幸」の際、内田九一は写真師として随行し、伊勢、大阪、京都、下関、長崎、熊本、鹿児島、神戸などの風景写真を数多く撮影しています。明治維新直後の地方の風景は貴重な写真です。

フェリーチェ・ベアトが見た日本

　幕末から明治初期にかけては、多くの外国人写真家が来日して日本各地を巡り、多くの風景写真を残しました。特にたくさんの貴重な幕末の写真を撮影したのは

富士山巡礼を終えたロングフェロー
撮影者：フェリーチェ・ベアト
撮影年：明治5年（1872）
画　像：鶏卵紙に手彩色　190×241mm

興福寺の開山堂
撮影者：フェリーチェ・ベアト
撮影年：元治元年頃（c1864）
画　像：鶏卵紙　229×275mm

フェリーチェ・ベアトでしょう。彼は文久3年（1863）に横浜に到着したと記録にあります。ベアトは従軍写真家としての経験を十分に積んでおり、その真価を発揮したのは、文久4年に日本において英国、フランス、アメリカ、オランダの4カ国連合艦隊による下関攻撃に従軍した時でした。この際に撮影した写真は臨場感にあふれ、大変貴重です。

　ベアトは元治2年（1865）ころの長崎への往復の途中にも、日本各地の写真を沢山撮影しましたが、慶応2年（1866）に大火が横浜を襲い、この大火により日本人市街の多くと外国人居留地も一部が焼失し、ベアトもスタジオや住んでいた家を失いました。そして、ネガの一部も焼失してしまいました。

　その後、来日した各国の公使館員など、さらに外国人旅行者に同行しながら、再び江戸、横浜、鎌倉、京都、大阪、神戸、長崎など各都市の名所の風景や、風俗・習慣を含む幕末動乱期の日本の姿を撮影し、アルバムを作成して販売しました。

外国人写真師のさきがけ

　ベアトよりも前に来日したピエール・ロシエはロンドンのネグレッティ・アンド・

英国領事館（妙行寺）
撮影者：ピエール・ロシエ
撮影年：不詳
画　像：鶏卵紙　83×173mm（台紙）

興福寺の鐘楼
撮影者：ピエール・ロシエ
撮影年：不詳
画　像：鶏卵紙　85×172mm（台紙）

ザンブラ社からの依頼で中国の第2次アロー戦争の報道写真を撮影しましたが、その足で安政6年（1859）から翌年まで長崎、横浜、江戸を訪れ、これまた現存数の少ないステレオ写真を撮っています。この貴重なステレオ写真を日本カメラ博物館では30枚収蔵しています。

◆ 日本の風景を撮ったスティルフリード

明治元年（1868）に来日し明治14年まで日本に滞在したライムント・フォン・スティルフリード（以後、スティルフリード）もまた日本各地を撮影しました。特に明治5年には北海道開拓使の依頼により道内各地を撮影しました。

◆「ファーイースト」の専属カメラマン

写真家ウィルヘルム・ブルガーとその弟子ミハエル・モーザーは、明治2年（1869）オーストリア・ハンガリー帝国の東アジア遠征隊に随行して来日しました。場所は長崎でした。長崎の風景写真もありますが、東京、横浜、鎌倉、箱根などの写真を

大沼から見た駒ヶ岳
撮影者：スティルフリード
撮影年：明治5年（1872）
画　像：鶏卵紙　190×249mm

棒を持つアイヌ
撮影者：スティルフリード
撮影年：不詳
画　像：鶏卵紙に手彩色

アイヌ
撮影者：スティルフリード
撮影年：不詳
画　像：鶏卵紙に手彩色

主に撮影しています。モーザーは日本で除隊し、そのまま横浜に住み写真入り新聞「ファーイースト」の専属カメラマンとして活躍しました。

◆ 横浜を拠点としたファルサーリ商会

　アドルフォ・ファルサーリ（以後、ファルサーリ）は、明治6年（1873）に横浜へ来日しました。彼は最初から在留外国人や外国人旅行者を対象に土産として販売するために、日本国内の写真撮影をしたと思われます。カラー写真の無い時代でありましたが、撮影された写真を1枚1枚手作業により彩色し、カラー写真のように仕上げました。風俗・習慣のほか鎌倉、京都、日光といった名所・観光地も訪れ多くの写真を残しています。

　その他にも大勢の外国人アマチュア写真家が多くの風景写真を残しています。外国人の目で見た風景写真と日本の写真師の風景写真を見比べるのも面白いかもしれません。

農村
撮影者：ウィルヘルム・ブルガー
撮影年：不詳
画　像：鶏卵紙

堂ヶ島
撮影者：A・ファルサーリ
撮影年：不詳
画　像：鶏卵紙に手彩色

伊香保
撮影者：A・ファルサーリ
撮影年：不詳
画　像：鶏卵紙に手彩色

第1章

長崎と九州

　長崎では、嘉永元年（1848）、上野彦馬によって日本に写真機材一式が輸入された。薩摩藩主島津斉彬は、オランダから撮影機器と薬品類を取り寄せて、松木弘庵（寺島宗則）と川本幸民に写真術に関する蘭書を翻訳させ、宇宿彦右衛門、市来四郎らに現像などについて習得するよう命じたほか、自ら実験室にこもった。安政4年（1857）に宇宿らが鶴丸城で撮影した島津斉彬像が、現存する日本最古の銀板写真とされている（片桐一男「薩摩移籍と川本幸民の写真撮影成功」（『洋学史研究』11号　1994年）。

　斉彬没後、その遺品の写真機を譲り受けて精力的に研究を行ったのが、斉彬の大叔父で福岡藩主の黒田斉溥であった（岩下哲典『幕末日本の情報活動（改訂増補版）』　雄山閣　2008年）。安政3年に長崎に派遣された古川俊平は銀板写真術研究を行った。長崎海軍伝習所では、ファン・デン・ブルークから写真術の講義を受けた。安政4年に古川は藩主長溥を撮影した。さらに、安政6年（1859）、福岡藩医前田玄造も長崎海軍伝習所に派遣され、そこでスイス人ロシエから写真術を学んでいる。万延元年には古川もロシエから写真術を学んだ。

　明治3年（1870）に起こった太政官札偽造事件に古川も巻き込まれたが、釈放後、長溥から写真機材一式を譲り受け、筑前博多東中洲に写真館を開業した。

　佐賀藩では川崎道民が安政6年に江戸溜池中屋敷で鍋島直正の写真を撮影しているほか、万延遣米使節団の医師として参加した時、ニューヨークのブレンディ写真館で写真技術を学び、帰国後、師の大槻磐渓の撮影を行っている（アンドリュー・コビング『幕末佐賀藩の対外関係の研究』　鍋島報效会　1994年）。

　薩摩藩と福岡藩、佐賀藩は写真研究分野で他藩より抜きんでていたと思われる。

（文／塚越　俊志）

大浦川と長崎港 [長崎]

撮影者：上野彦馬
撮影年：慶応2年（1866）
画　像：赤色アルバム　鶏卵紙　183×216mm

　中央に流れる大浦川河口近くには、慶応元年（1865）に創架された弁天橋が見える。その橋を左に渡ってまっすぐ歩くと、南山手の丘の先端に位置するベルヴューホテルに辿り着く。その周りの大きな松は下り松と呼ばれ、そのあたりの地名の由来ともなる。川の左岸は海岸沿いを含めて下り松居留地、右が大浦居留地とされ、洋館が建ち並んでいる。明治2年（1869）には、弁天橋の向こうに大浦海岸通りと下り松海岸通りを結ぶ下り松（松ヶ枝）橋が架設された。

出島 ［長崎］

撮影者：フェリーチェ・ベアト
撮影年：元治元年（1864）
画　像：鶏卵紙　233×288mm
　江戸幕府が長崎商人に命じて築造した扇形の小島。鎖国時代には唯一の貿易地であった。

下り松海岸通りの洋館 ［長崎］

撮影者：上野彦馬
撮影年：明治10年頃（c1877）
画　像：鶏卵紙　64×109mm
　下り松海岸通りは、大浦川の河口から南山手方向の海岸沿いで、この背後には南山手が広がる。左の洋館は、R・H・パワーズが営む船道具店であることが看板からわかる。日本初の女性閣僚中山マサの養父が経営していた店である。

南山手より大浦居留地と出島の眺め［長崎］

撮影者：フェリーチェ・ベアト　撮影年：元治元年（1864）
画　像：鶏卵紙　235×292mm
　　妙行寺付近から長崎港対岸の出島と手前右の大浦居留地を撮らえた写真。

267 NAGASAKI

長崎港 ［長崎］

撮影者：不詳
撮影年：明治13年頃
　　　　（c1880）
画　像：鶏卵紙に手彩色

　「長崎のみなとの色にみいるとき　遥けくも吾は来たりけるかも　斎藤茂吉」

　長崎港は入江に開けた港であった。そこを出れば、広々とした大海が世界の窓を開いてくれた。

風頭山の彩り［長崎］

撮影者：不詳
撮影年：明治初期
　　　　（1868 〜 1872）
画　像：鶏卵紙に手彩色
　　　　206 × 252mm

　風頭（かざがしら）は東風が山頭を吹き下るのでこの地名となった。眺望もきき、勇壮なハタ（凧）揚げでも知られる。ときには艶やかな行楽の笑顔も楽しい。

長崎くんち [長崎]

撮影者：不詳　撮影年：明治期（1868〜1912）
画　像：鶏卵紙に手彩色
　諏訪神社大祭「お下り」の行事。3台の神輿が計200段の石段（見えている長坂は70段ぐらい）を、一気に駆け降りる迫力に観衆は熱狂する。

諏訪神社の長坂 [長崎]

撮影者：不詳　撮影年：明治初期（1868〜1872）
画　像：鶏卵紙　227×280㎜
　長崎市にある鎮西大社と称えられる長崎の総氏神。その秋季大祭は長崎くんちとして有名である。

中島川の阿弥陀橋と高麗橋 ［長崎］

撮影者：不詳　撮影年：明治初期（1868～1872）　画　像：鶏卵紙に手彩色　206×252mm
長崎は古より石橋文化の発祥地として知られる。なかでもこの阿弥陀橋は、元禄3年
（1690）に貿易商の園山善爾が私財をもって架橋し、その後の日本人による石橋建設の
先鞭をつけた。阿弥陀橋後方が高麗橋で、いずれの石橋も風格ある姿を川面に映す。

中島川上流の西山付近 ［長崎］

撮影者：スティルフリード
撮影年：明治5年（1872）
画　像：鶏卵紙
　　　　211×288mm
　写真中央上の小高い石垣の上に
ある建物は、江戸時代には千秋亭
と呼ばれた富貴楼である。後ろに
金比羅山が見える。

中島川に架かる阿弥陀橋［長崎］
撮影者：フェリーチェ・ベアト　撮影年：文久3年〜明治2年（1863〜1869）
画　像：鶏卵紙に手彩色　55×87mm
　阿弥陀橋は、上野彦馬の写真館より見て、中島川の下流に架かる一
番最初の橋である。

高麗橋と中島川［長崎］
撮影者：フェリーチェ・ベアト
撮影年：元治元年（1864）
画　像：鶏卵紙
　　　　200×284mm
　阿弥陀橋の下流に架かる高麗
橋である。橋の左奥に伊勢宮神
社があり、右手前に見える白い
蔵は、長崎三大家のひとりとさ
れる南画家の木下逸雲の屋敷で
ある。ベアトも逢っているのだ
ろうか、逸雲は慶応2年（1866）
に亡くなっている。

阿弥陀橋［長崎］
撮影者：スティルフリード　撮影年：明治5年（1872）
画　像：鶏卵紙　190×239mm
　橋際に阿弥陀如来像が祀られている。

阿弥陀橋付近［長崎］
撮影者：スティルフリード
撮影年：明治5年（1872）
画　像：鶏卵紙
　　　　219×288mm

上野彦馬の撮影局付近より中島川の眺め

[長崎]

撮影者：フェリーチェ・ベアト
撮影年：元治元年（1864）
画　像：鶏卵紙　230×287mm

　ベアトは、元治元年（1864）頃から何度か長崎を訪れているようだ。文久2年（1862）に開業した上野彦馬とは、当然、親交を深めていたことは間違いないであろう。写真は、上野撮影局の塀の前にカメラを据えて撮影している。遠方には、阿弥陀橋が見える。

上野彦馬撮影局前 ［長崎］

撮影者：上野彦馬
撮影年：明治 10 年以前（～ 1877）
画　像：角型アルバム　鶏卵紙　59 × 88mm

　右の白い塀が上野撮影局である。そこから中島川を下流に向かって撮影している。撮影局の門を出ると、正面の川に下りられる石段があった。対岸は延宝元年（1673）倉田次郎右衛門が私財を投じて完成させた長崎初の上水道の水源があった場所で、200 年以上も長崎に給水し続けた。撮影されたこの頃にはすでになく、水神社が建てられていた。

上野彦馬撮影局遠望（明治）［長崎］

撮影者：上野彦馬
撮影年：明治 10 年以前（～ 1877）
画　像：赤色アルバム　鶏卵紙
　　　　59 × 89mm

　慶応 2 年頃（c1866）の右上写真と比べると、少し後ろに下がった場所にある阿弥陀橋から上野撮影局までを撮影している。新しく造りかえられた塀が白く目立つ。大きな白い屋根は、明治 5 年（1872）から 7 年頃に新築された写場だ。

中島川と上野彦馬撮影局（幕末）［長崎］

撮影者：上野彦馬
撮影年：慶応2年頃（c1866）
画　像：鶏卵紙　188×220mm

　ちょうど傘をさす人が立っているあたりが、彦馬の自宅兼写真館であった上野撮影局。開業から6年目頃で、経営も順調な時期である。中島川を上流に向かって撮影したこの写真から、彦馬が毎日のように通った川岸の様子がよくわかる。石灯籠の左手には臨川院、端には長崎聖堂の門が半分写っている。

26

眼鏡橋の眺め［長崎］

撮影者：フェリーチェ・ベアト
撮影年：元治元年（1864）
画　像：鶏卵紙
　　　　221×290mm

　寛永11年（1634）に架けられた、中島川で最も古い石造アーチ橋である。度重なる洪水でも流失を免れ、昭和35年に国の重要文化財に指定されたが、昭和57年の長崎大水害でアーチ部分を残して崩壊した。現在は元の姿に復元されている。

27

飽の浦より長崎市街の遠望（2枚合わせ）[長崎]

撮影者：内田九一　撮影年：明治5年（1872）　6月14日〜16日
画　像：鶏卵紙に手彩色　（左）209×264mm　（右）207×255mm

　明治5年（1872）の明治天皇の西国・九州巡行では、東京を出発し、鳥羽、大阪、
京都を経て、長崎に到着した。行在所は、出島に近い島原町の旧町年寄高木清
右衛門邸で、島原町は明治天皇の行幸を記念して万才町と改称された。市民の
歓迎ぶりは盛大なものだったようだ。写真は長崎港のパノラマである。飽の浦
より対岸の長崎市街を見渡している。右の写真には、左端に小さく大浦天主堂
が見える。港には一行の艦隊が停泊しているようで、大浦天主堂の手前に3隻
重なって見えるうちの中央の軍艦が、明治天皇の座乗艦・龍驤（りゅうじょう）
のようだ。さらに左の写真には、ほぼ中央に2本マストの雲陽、手前に孟春、
その少し右遠方に日進と思われる軍艦が写っている。よく見るとそれぞれの軍
艦にはたくさんの旗がはためいていて、市民の歓迎に応えているかのようであ
る。

飽の浦より長崎市街の遠望（3枚合わせ）[長崎]

撮影者：内田九一　撮影年：明治5年（1872）　6月14日〜16日
画　像：鶏卵紙に手彩色
　　　　（左）209×264mm　（中）207×255mm　（右）204×256mm
　　右の写真に明治天皇が視察した飽の浦の長崎造船局が写っている。

大音寺本堂近景 [長崎]

撮影者：フェリーチェ・ベアト　撮影年：元治元年（1864）
画　像：鶏卵紙に手彩色　55 × 87mm
　晧台寺の隣に位置する浄土宗名刹大音寺は、幕末期に荒廃し、元治元年（1864）に修復された。ベアトはこの寺を、上野彦馬と共に撮影したことがあるようだ。

大音寺の本堂 [長崎]

撮影者：上野彦馬　撮影年：明治10年以前（〜1877）
画　像：鶏卵紙　59×88㎜
　上の写真と比べると、本堂前の植木の成長ぶりがわかる。

大音寺の門と釣鐘堂 [長崎]

撮影者：上野彦馬　撮影年：明治10年以前（〜1877）
画　像：鶏卵紙　59×92㎜
　　右側の大きな門は、現在少しだけデザインが変わっているが、左に見える
アーチ型の石門は健在である。シーボルトが母国に送ったという大音寺の絵
には、中央上に見える釣鐘堂の左にある松の木まで詳細に描かれていた。

本蓮寺と墓地 [長崎]

撮影者：上野彦馬　撮影年：慶応2年（1866）
画　像：鶏卵紙　193×222㎜
　越後町にあるこの寺は、元和6年（1620）
に日蓮宗の僧日恵によって建てられた。それ以前
はサン・ジョアン・バプテスタ教会とサン・ラザ
ロ病院があった場所である。勝海舟は、海軍伝習
所で遊学中の幕末期に、この寺の一角に住んでい
たという。

飽の浦恵美須神社と長崎港［長崎］

撮影者：上野彦馬　撮影年：明治7年以前（〜1874）
画　像：鶏卵紙　角型アルバム　59×89mm
　神殿前の建物の屋根に人が立っている。その後ろに大きな松の木があるが、
明治7年（1874）に襲来した台風でこの木の枝が一部折れている別の写真が
ある。この松の枝は揃っているのでそれ以前に撮影されたようだ。対岸には
立山とその麓にある長崎市街が望める。

興福寺の開山堂 ［長崎］

撮影者：フェリーチェ・ベアト
撮影年：元治元年頃（1864）
画　像：鶏卵紙　229×275㎜

　興福寺は17世紀前半に中国僧の真円により創建されたわが国最初の唐寺である。第2代住職の如定は眼鏡橋を架設したことで有名である。これは麹屋町の通りで、道路の中央は石畳。

梅香崎から出島を望む [長崎]

撮影者：スティルフリード
撮影年：明治7年頃（c1874）
画　像：鶏卵紙　215×276mm

明治7年（1874）8月に長崎を襲った台風は居留地一帯に大きな被害を及ぼした。写真はその後、修繕途中の出島を写している。

大浦海岸外国人居留地 [長崎]

撮影者：スティルフリード
撮影年：明治5年（1872）
画　像：鶏卵紙　214×285mm

安政6年（1859）、神奈川、函館と同じく長崎も開港した。それに伴い各国との貿易も拡大し、大浦海岸の埋め立ても拡張された。そして洋館の建ち並ぶ一大居留地となった。

高島炭坑 [長崎]

撮影者：不詳
撮影年：明治4年～明治14年（1871～1881）
画　像：鶏卵紙　51×82mm

『大日本全国名所一覧』より。長崎の港外の高島炭坑二子坑の石炭積み込み風景。高島炭坑は慶応4年（1868）に佐賀藩とグラバーが共同経営契約を結び開発した。

No. 456 TAKABOKO.

長崎港から高鉾島を望む ［長崎］

撮影者：不詳　撮影年：明治期　画　像：鶏卵紙に手彩色

　高鉾島には、慶長時代より始まった幕府のキリシタン弾圧のとき、改宗を拒む信者を崖から海中に突き落としたという殉教者の悲話が残る。また幕府はこの島を、鎖国後の承応2年（1653）頃から長崎港の警備のため要塞とした。

戸町の入江 ［長崎］

撮影者：上野彦馬
撮影年：明治10年以前（〜1877）
画　像：角型アルバム　鶏卵紙　59×88mm

　中央左上の小さな島が高鉾島である。三方を山で囲まれ、入り組んだ長崎港の入口の目印である。外国人からパッペンベルク（天主教徒の山）と呼ばれるこの島は、キリシタン殉教の地として崇められた。戸町の丘からの撮影である。

熊本城 [熊本]

撮影者：内田九一　撮影年：明治5年（1872）6月17日～20日
画　像：鶏卵紙　52×84mm

　中央よりやや左に重なって写る手前が小天守、その後ろが大天守である。天守群の左方が御裏五階櫓で写真右の石垣の上が櫨方三階櫓。熊本城の北側からの撮影である。

熊本城と熊本鎮台 [熊本]

撮影者：内田九一　撮影年：明治5年（1872）6月17日～20日
画　像：鶏卵紙　55×91mm

　右手前の建物の奥（花畑屋敷跡）には、明治4年（1871）に鎮台が置かれた。正面の石垣の上に馬具櫓、そのまた上の石垣には飯田丸五階櫓、大天守がそびえる。

熊本城と錦山神社 ［熊本］
撮影者：内田九一　撮影年：明治5年（1872）6月17日〜20日
画　像：鶏卵紙　55×85mm
　天守の下の石垣の手前に鳥居が見えるのは加藤清正を主祭神とする錦山神社。明治4年（1871）に創建され、明治7年に熊本城内の北側に遷座されたが、西南戦争の際に天守群と共に焼失してしまう。

水前寺成趣園の酔月亭 ［熊本］
撮影者：内田九一　撮影年：明治5年（1872）6月17日〜20日
画　像：鶏卵紙　53×83mm
　ここは藩主の御茶屋があった場所で、左奥に写るのが茶室「酔月亭」である。

多賀山より鹿児島市中を望む ［鹿児島］

撮影者：内田九一
撮影年：明治5年（1872）
　　　　6月22日～7月2日
画　像：鶏卵紙　212×267mm

　左手前に祇園之洲砲台の大砲、沖に停泊している大きな船は御召艦隊だろうか。この沖で明治天皇が見学した御召艦隊と諸砲台の模擬砲撃戦が行われた。文久3年（1863）に起った薩英戦争で祇園之洲砲台は破壊されたが、その後、写真のように修復整備がされたようだ。右には鹿児島市中が広がり、中央より右上に新波止が見える。

集成館遠望 [鹿児島]

撮影者：内田九一　撮影年：明治5年（1872）6月24日
画　像：鶏卵紙　207×265mm
　写真手前のベランダがある建物は、大砲製造支配所で、もともとは慶応3年（1867）に
竣工された鹿児島紡績所のイギリス人技師の宿舎だった。その後ろの3つ窓がある建物が
鹿児島紡績所で、その奥に陸軍大砲製造所が見える。この辺りは、薩摩藩が築き上げた集
成館と呼ばれる近代機械工場が建ち並んでいる。

新波止砲台 [鹿児島]

撮影者：内田九一
撮影年：明治5年（1872）
　　　　6月22日〜7月2日
画　像：鶏卵紙　51×82mm
　中央左は琉球船のようであ
る。右端に見える新波止砲台
は、弘化・嘉永年間（1844
〜1854）に波除として作ら
れたものが、その後、砲台に
改築され薩英戦争の時には大
小17門の大砲が備えられて
いたという。

鶴丸城本丸内 [鹿児島]
撮影者：内田九一　撮影年：明治5年（1872）6月24日
画　像：鶏卵紙に手彩色　198×253mm
　明治天皇の行在所となった本丸の一部である。御池には九皐橋（きゅうこうばし）と呼ばれた石橋が架かる。建物には、「麟麟之間」「鷺之間」と呼ばれた部屋があり、島津藩主の生活の場として使われていた。

鶴丸城大手門 [鹿児島]
撮影者：内田九一
撮影年：明治5年（1872）
　　　　6月22日～7月2日
画　像：鶏卵紙　55×85mm
　慶長9年（1604）に完成した鶴丸城の大手門である。城内には北側に本丸、南側に二の丸があり、天守は無かったようだ。城の後ろには西南戦争の舞台となる城山がある。

祇園橋 [鹿児島]

撮影者：不詳
撮影年：明治4年〜明治14年（1871〜1881）
画　像：鶏卵紙

『大日本全国名所一覧』より。稲荷川に架かる石橋。永安橋を通称祇園橋と呼ぶ。八坂神社に通じる。

博多市中側より太宰府天満宮 [福岡]

撮影者：不詳
撮影年：明治4年〜明治14年（1871〜1881）
画　像：鶏卵紙

『大日本全国名所一覧』より。菅原道真を祭神として祀る天満宮の一つ。現在、京都の北野天満宮とともに全国天満宮の総本社とされる。

太宰府天満宮楼門 [福岡]

撮影者：不詳
撮影年：明治4年〜明治14年（1871〜1881）
画　像：鶏卵紙 51×82㎜

『大日本全国名所一覧』より。

久留米水天宮本社 [福岡]

撮影者：不詳
撮影年：明治4年〜明治14年（1871〜1881）
画像：鶏卵紙

『大日本全国名所一覧』より。全国にある
水天宮の総本宮。

延岡 [宮崎]

撮影者：不詳
撮影年：明治4年〜明治14年（1871〜1881）
画像：鶏卵紙

『大日本全国名所一覧』より。

中山門 [沖縄]

撮影者：不詳
撮影年：明治4年〜明治14年（1871〜1881）
画像：鶏卵紙　51×82mm

『大日本全国名所一覧』より。中山門は、
首里城の第一の門で「中山」と書かれた
扁額に由来する。

第2章
横浜・鎌倉と東京郊外

　横浜写真は、1860 年代から 1900 年ごろにかけて主として写真帖の形態をとって横浜で販売され、主にヨーロッパやアメリカからの観光客の土産品として持ち帰られたり、輸出されたりした写真である。その創始者といわれるのがフェリーチェ・ベアトである。

　長崎海軍伝習所に参加した蘭方医松本良順は安政 6 年（1859）にスイス人ロシエから写真技術を学んでいる（『松本順自伝・長与専斎自伝』　平凡社　1980 年）。伝習所で松本の下で手伝いをしていたのが内田九一である。内田は慶応 4 年（1868）、横浜に移り、明治 2 年（1869）には、東京浅草と横浜馬車道の住所が併記された内田九一撮影の写真が残されている。内田は明治天皇、皇后、皇太后の肖像写真を撮影する栄誉を得ている。

　文久元年（1861）に両国薬研堀で写真館をはじめた鵜飼玉川が現在、日本最初の写真師といわれる。文久 2 年には横浜で下岡蓮杖が写真館を開業した（斎藤多喜夫『幕末明治　横浜写真館物語』　吉川弘文館　2004 年）。

　下岡の流れをくむ臼井秀三郎が横浜写真社を経営したのをはじめとして、初代鈴木真一や「金幣アルバム」で有名な日下部金兵衛ら多くの日本人写真師も、写真商会を経営するようになった。

　臼井が 1880 年に『日本住所氏名録』に英文で出した広告には「日本の重要な場所の風景―東京・京都・大阪・神戸・箱根等々」と「風俗と人物たち」が撮影対象であることを明確化している（佐藤守弘『トポグラフィの日本近代』　青弓社　2011 年）。

　明治 2 年（1869）に修好通商条約締結のために来日したオーストリア・ハンガリー帝国東アジア遠征隊の写真師ブルガーとその助手モーザーの写真は、150 年たった今に、幕末から明治期に変わる日本の首都圏の変化を伝える貴重な写真を沢山残している（ペーター・パンツァー監修、宮田奈奈訳『明治初期日本の原風景と謎の少年写真家』　洋泉社　2016 年）。　　　　　　　　　　　　　　　　（文／塚越　俊志）

外国人居留地 ［神奈川］

撮影者：下岡蓮杖か
撮影年：慶応2年〜明治3年頃（c1866〜c1870）
画　像：名刺判　鶏卵紙　57×88mm

　台紙内側にバン・リサ・ブラザース社のスタンプがある。横浜は、安政6年（1859）に開港して、日本最大の外国人居留地がおかれた。隣接する日本人居住地は河川と運河、海に囲まれ、最も重要な場所には関門として橋が設けられた。また中国人居住地も居留地内にあった。居留地の欧米人は、自分たちの生活様式を守り、劇場、テニスコート、競馬場、ホテル、教会などを設置して、「日本の中の外国」を形成していくこととなった。

江ノ島全景 ［神奈川］

撮影者：不詳
撮影年：明治 33 年〜明治 42 年頃（c1900 〜 c1909）
画　像：鶏卵紙に手彩色
　島は干潮のときは徒歩で渡れる半島に、また満潮時には船で
通う小島となる。明治の中期に有料の懸け橋が架かった。

江ノ島 [神奈川]
撮影者：不詳
撮影年：明治 13 年～明治 22 年頃
　　　　（c1880 ～ c1889）
画　像：鶏卵紙に手彩色
　江ノ島の誕生は陸続き説や海底からの
隆起説など諸説ある。島内の弁財天は日
本三大弁財天のひとつに入る。

1016, ENOSHIMA.

横浜展望 ［神奈川］

撮影者：不詳

撮影年：明治33年〜明治42年頃（c1900〜c1909）

画　像：鶏卵紙に手彩色（パノラマつなぎ写真）

　安政6年（1859）、横浜は開港を機に国際化へと踏み出した。文明開化の玄関口として、新鮮な息吹にふれながら文化都市は日ごと年ごとに目覚ましく発展していった。

YOKOHAMA - BUND.

横浜の海岸通り　台風後のベアトの写真館の惨状 [神奈川]

撮影者：スティルフリード　撮影年：明治4年（1871）8月22日
画　像：鶏卵紙　232×287mm

　中心よりやや左側に見える、ガラス窓で出来た屋根のある建物が、横浜居留地17番のベアトの写真館である。ベアトは、文久3年（1863）に横浜居留地24番に写真館を開業し、慶応4年（1868）にチャールズ・パーカーの写真館へ移った後、明治3年（1870）にこの場所に移転した。この写真を撮影したスティルフリードは、明治10年にこの写真館をベアトより買い入れる。

ジャーマンクラブ

[神奈川]
撮影者：スティルフリード
撮影年：明治5年頃（c1872）
画　像：鶏卵紙
　　　　190×267mm

　文久3年（1863）11月、当時のプロシア（のちのドイツ）領事が中心に結成した会員制の社交場。会員の同意があれば他国籍であっても入会できたが、クラブの運営に関わることは許されなかった。

アメリカ海軍病院 [神奈川]

撮影者：フェリーチェ・ベアト
撮影年：明治5年頃（c1872）
画　像：鶏卵紙　169×253mm
　明治4年（1871）、山手99番地が海軍病院地所として
貸渡された。

水町通り [神奈川]

撮影者：スティルフリード
撮影年：明治5年頃（c1872）
画　像：鶏卵紙
　　　　190×267mm
　旧海岸通りに隣接した
外国人居留地。明治8年
から30年（1875〜1897）
頃は外国商社が軒を並べ
ていたが、当時はすべて
居留地の家屋番号で呼ば
れた。その後、明治32年
（1899）に条約改正で山下
町となる。

高島町の大通り ［神奈川］

撮影者：スティルフリード　撮影年：明治5年頃（c1872）
画　像：鶏卵紙　190×266mm
　明治5年（1872）に開通した新橋から横浜間の日本初の鉄道の敷設にあたっては、高島嘉右衛門が景勝地の「袖ヶ浦」一帯を埋め立てた。この地はその後発展を遂げ、高島嘉右衛門の姓を町名とした。

遊歩道の茶屋（柏屋）

［神奈川］

撮影者：スティルフリード
撮影年：明治5年頃（c1872）
画　像：鶏卵紙
　　　　190×238mm
　元治元年（1864）、山手の南方にある本牧と根岸に丘や山を巡る外国人遊歩新道が開かれた。翌年には馬車も通れるよう拡張工事が行われ、沿道には茶屋が設けられた。

大江橋越しに横浜駅を望む [神奈川]

撮影者：不詳
撮影年：明治4年〜明治14年
　　　　（1871〜1881）
画　像：鶏卵紙

　明治4年（1871）、ブリジェンスの設計で建てられた。大正になり桜木町駅として存続していたが関東大震災で倒壊した。

錦橋越しに横浜駅を望む [神奈川]

撮影者：不詳
撮影年：明治4年〜明治14年　（1871〜1881）
画　像：鶏卵紙

横浜駅の開通式 [神奈川]

撮影者：フェリーチェ・ベアト
撮影年：明治5年9月12日
画　像：鶏卵紙　189×277mm

　明治5年（1872）、新橋から横浜間に鉄道が開通した。開通式の日は、街に15万張の提灯が飾られ、5,000人程の見物客で賑わったという。式には明治天皇が臨幸され、その様子はワーグマンによって描かれ、イギリスの絵入り新聞の挿絵となって紹介されている。

野毛山から望む横浜駅 ［神奈川］

撮影者：フェリーチェ・ベアト
撮影年：明治5年（1872）
画　像：鶏卵紙
　　　　（左）215×261mm　（右）215×259mm

　中央手前の白い大きな2階建ての建物は、明治4年（1871）に
英語教育のために設立された高島嘉右衛門の高島学校。その後方
に、明治5年3月に完成した横浜駅が見える。右遠方にある大き
な黒い建物は、建設途中の横浜税関庁舎のようだ。

神奈川台場 [神奈川]

撮影者：不詳

撮影年：明治4年〜明治14年
　　　　（1871〜1881）

画　像：鶏卵紙

　神奈川台場は来航する外国船を監視をすることが目的で造られた。勝海舟の設計で伊予松山藩が工事にあたり、万延元年（1860）に完成した。

横浜港望見 [神奈川]
撮影者：不詳
撮影年：1880年代
画　像：鶏卵紙に手彩色
　横浜港の建設は安政
6年（1859）であった。
川を隔てた先が居留地。

太田屋新田にあった遊廓の一角 [神奈川]

撮影者：フェリーチェ・ベアト　撮影年：慶応元年（1865）
画　像：鶏卵紙　202×291mm

　開港場を横浜村にするためと、オランダ公使からの要請があってここに遊廓が造られ
た。構造は江戸の吉原遊廓、外国人の接客は長崎の丸山遊廓が手本だったらしい。写真は、
沼地に沿う裏町の一角であろう。この辺り一帯は慶応2年（1866）に焼失してしまう。

根岸湾の漁村 [神奈川]

撮影者：スティルフリード
撮影年：明治5年頃
　　　　　（c1872）
画　像：鶏卵紙
　　　　190×238mm

　不動坂を下ると、沿岸に
は小さな漁村が点在する。

戸塚宿の街並み ［神奈川］

撮影者：フェリーチェ・ベアト　撮影年：文久3年〜明治2年（1863〜1869）
画　像：鶏卵紙　236×283mm
　戸塚宿は日本橋から5番目の宿場で約42キロメートルほど先にある。旅人が朝に江戸を出発すれば、1泊目の宿泊地に適した距離だった。

根岸の競馬場 ［神奈川］

撮影者：下岡蓮杖か
撮影年：慶応3年〜明治3年頃
　　　　（c1867〜c1870）
画　像：名刺判　鶏卵紙
　　　　56×91mm
　当初、外国人居留地の娯楽施設として建設されたが、翌年から競馬に使用された。日本初の本格的競馬場であった。

片瀬の龍口寺 ［神奈川］

撮影者：スティルフリード　撮影年：明治4年頃（c1871）　画　像：鶏卵紙　190×266mm

　日蓮上人は龍ノ口（鎌倉時代の刑場）で処刑されようとする災難に遭遇したが、法華経の功徳により幸い難を免れたといわれる。この龍口寺は、弟子の日法がのちの弘安年間（1278〜1288）に、その古跡に創建した日蓮宗寺院である。

画　像：鶏卵紙　280×229mm

龍口寺 ［神奈川］

龍口寺の青銅製の灯籠 ［神奈川］
画　像：鶏卵紙　276×232mm

＊62頁の下2枚の写真は
撮影者：フェリーチェ・ベアト
撮影年：文久3年〜明治2年（1863〜1869）

龍口寺山門 [神奈川]

撮影者：フェリーチェ・ベアト　撮影年：元治元年～明治2年（1864～1869）
画　像：鶏卵紙　276×232mm
　現在の大本堂は天保3年（1832）に建立されたもので、写真の左に見える
山門は、元治元年（1864）に竣工した。石垣の手前の広場が処刑場跡。

片瀬からの江の島遠望 [神奈川]

撮影者：フェリーチェ・ベアト
撮影年：文久3年～明治2年（1863～1869）
画　像：鶏卵紙　215×283mm

村の渡し舟 [神奈川]

撮影者：フェリーチェ・ベアト
撮影年：文久3年～明治2年（1863～1869）
画　像：鶏卵紙に手彩色　235×290mm
片瀬河岸か。

神奈川台町の関門 ［神奈川］

撮影者：フェリーチェ・ベアト
撮影年：慶応元年（1865）
画　像：鶏卵紙　190×240mm

　開港後、横浜周辺では攘夷派による外国人殺傷事件が多発した。各国の領事たちに激しく非難された幕府は、横浜周辺の主要地点に関門や番所を設けて警備体制を強化。東海道の神奈川宿の東西には、関門を設けた。写真は西側の関門である。明治4年（1871）に廃止される。

ODAWARA

東海道　横浜から藤沢間 [神奈川]

撮影者：フェリーチェ・ベアト
撮影年：文久3年〜明治2年（1863〜1869）
画　像：鶏卵紙　218×279mm

　慶長6年（1601）の徳川家康による五街道整備により、5つの街道が制定され東海道は誕生した。その後、江戸の日本橋から京都の三条大橋に至るまで、53ヶ所の宿場と箱根と新居の二ヶ所の関所が徐々に設けられ、松並木や一里塚も整備された。

ミシシッピー湾 [神奈川]

撮影者：不詳
撮影年：1870年代
画　像：鶏卵紙に手彩色

　外出区域を制限された横浜居留地の外国人の要望で、崖を削り景勝の根岸湾が一望できる遊歩道を造成した。彼らはこの風景をミシシッピー湾と呼んだ。

富岡の海岸 [神奈川]

撮影者：スティルフリード
撮影年：明治5年頃（c1872）
画　像：鶏卵紙
　　　　189 × 238mm
　富岡はリゾート地として明治15年頃（c1882）から旅館や政府高官の別荘などが建てられた。海岸は海水浴場として賑わった。

浦賀 [神奈川]

撮影者：下岡蓮杖か
撮影年：慶応元年〜明治3年頃
　　　　（c1865〜c1870）
画　像：名刺判　鶏卵紙
　　　　56×92mm
　天保13年（1842）、浦賀湊奥を埋め立てて造成したのが築地新町。文久3年（1863）には14代将軍徳川家茂が翔鶴丸で浦賀に寄っている。明治3年（1870）には築地新町中堀で政府軍艦富士山丸を修復した。

汐干狩 [神奈川]

撮影者：不詳
撮影年：明治中期
画　像：鶏卵紙に手彩色
　　　　211 × 263mm
　横浜・ホテルニューグランド前。

鶴岡八幡宮の神楽殿（左）と若宮殿（右）［神奈川］

撮影者：フェリーチェ・ベアト
撮影年：元治元年（1864）
画　像：鶏卵紙　228 × 287mm

　神楽殿の前で座る 3 人の外国人は、右がベアト、中央がワーグマンそして左端でスケッチ帖を持っているのがフランス人の海軍士官アルフレッド・ルサンである。ルサンが残した記述からこの写真は、元治元年 10 月 21 日（1864 年 11 月 20 日）に彼ら 3 人とイタリア人のデ・ヴェッキを加えた一行が鎌倉旅行へ出かけ、その翌日に撮影されたことが判明した。一行はその日のうちに江の島へ向かい、そこで英国第 20 大隊第 20 連隊のボールドウィン少佐とバード中尉と出合う。ビールを共に飲んだのち、その 2 人のイギリス人将校は鎌倉へ向かい、鶴岡八幡宮の参道前で攘夷派の浪士に殺害された。

鶴岡八幡宮の本殿 [神奈川]
撮影者：下岡蓮杖か
撮影年：慶応2年〜明治3年頃
　　　　(c1866〜c1870)
画　像：鶏卵紙　57×88mm

鶴岡八幡宮の本殿と神楽殿 [神奈川]
撮影者：フェリーチェ・ベアト
撮影年：文久3年〜明治2年
　　　　(1863〜1869)
画　像：鶏卵紙　224×280mm
　左手前が神楽殿、右奥が本殿。

鶴岡八幡宮の参道 [神奈川]
撮影者：不詳
撮影年：不詳
画　像：鶏卵紙に手彩色
　八幡宮祭神は応神天皇で、古くから武人
の尊崇があった。神仏分離で仏教関係を分
けたのち、参道を整備してから参拝客も急
激にふえた。

鶴岡八幡宮の大塔 [神奈川]

撮影者：フェリーチェ・ベアト

撮影年：元治元年（1864）

画　像：鶏卵紙　81×83mm

　この大塔は、明治3年（1870）に廃仏毀釈によって撤去される。

鶴岡八幡宮 [神奈川]

撮影者：スティルフリード

撮影年：明治4年頃（c1871）

画　像：鶏卵紙　190×239mm

　明治初年（1868）の神仏分離と廃仏毀釈により、境内にあった仏教伽藍や堂塔が取り除かれた。

鶴岡八幡宮の三の鳥居と太鼓橋 [神奈川]

撮影者：フェリーチェ・ベアト

撮影年：文久3年〜明治2年（1863〜1869）

画　像：鶏卵紙　228×283mm

鶴岡八幡宮の参道 [神奈川]
撮影者：フェリーチェ・ベアト　撮影年：元治元年（1864）　画　像：鶏卵紙　93×127mm

**鶴岡八幡宮の
太鼓橋** [神奈川]
撮影者：不詳
撮影年：1870年代
画　像：鶏卵紙に手彩色
　昔は朱塗りの木の平
橋で、その後、石の太
鼓橋になった。この橋
も震災で崩れてしまっ
たが、のちに再建され
ている。

金沢　平潟湾の眺め ［神奈川］

撮影者：フェリーチェ・ベアト
撮影年：慶応2年〜明治10年（1866 〜 1877）
画　像：鶏卵紙　215×289mm

　金沢八景のひとつで横浜居留地から馬で2時間ほどの場所に位置
し、来日外国人に人気の観光地であった。そのために開業した茶屋
の千代本、扇屋など切茶屋が並ぶ（写真左の岸辺）。中央に見える
橋は、洲崎へ向かう瀬戸橋である。

平潟湾の茶屋 ［神奈川］
撮影者：スティルフリード
撮影年：明治10年頃（c1877）
画　像：鶏卵紙　191×240mm

平潟湾の茶屋 ［神奈川］
撮影者：スティルフリード
撮影年：明治10年頃（c1877）
画　像：鶏卵紙　190×239mm

平潟湾の茶屋 ［神奈川］
撮影者：下岡蓮杖か
撮影年：慶応2年〜明治3年頃
　　　　（c1866〜c1870）
画　像：鶏卵紙　57×91mm
　台紙内側にバン・リサ・ブラザー
ス社のスタンプがある。

鎌倉　高徳院の大仏 ［神奈川］
撮影者：下岡蓮杖か　撮影年：明治2年〜明治3年頃（c1869〜c1870）
画　像：鶏卵紙に手彩色　91×58mm

長谷の大仏 [神奈川]
撮影者：フェリーチェ・ベアト　撮影年：元治元年頃（c1864）
画　像：鶏卵紙　233×290mm

　鎌倉市長谷にある高徳院の本尊である。寛元元年（1243）に開眼された大仏は、建長4年（1252）に木造から金銅製に造営された。明応7年（1498）に大津波で大仏殿が流され、以来現在のような露座の大仏となる。大正期頃までの写真には、大仏の手や膝の上に人々が上っている様子が多く写されている。

長谷の大仏 [神奈川]
撮影者：フェリーチェ・ベアト
撮影年：文久3年〜明治2年（1863〜1869）
画　像：鶏卵紙　226×286mm

長谷の大仏 [神奈川]
撮影者：スティルフリード
撮影年：明治4年頃（c1871）
画　像：鶏卵紙　190×239mm

多摩川 ［東京郊外］

撮影者：スティルフリード
撮影年：明治４年頃（c1871）
画　像：鶏卵紙に手彩色　396 × 447mm

川崎六郷橋 ［神奈川］

横浜町会所 ［神奈川］
　明治7年（1874）、ブリジェンス設計により竣工。中央に見える時計塔がシンボルとなった。

横浜裁判所 ［神奈川］
　慶応2年（1866）竣工のフランス公使館だった建物を横浜裁判所として利用した。

＊ 77 頁の右写真 3 枚は
撮影者：不詳
撮影年：明治 14 年～明治 29 年
　　　　（1881 ～ 1896）
画　像：鶏卵紙
出　典：『大日本全国名所一覧』より。

原町田 ［東京郊外］

撮影者：フェリーチェ・ベアト　撮影年：文久３年〜明治２年（1863 〜 1869）
画　像：鶏卵紙　230 × 292mm

　現在の町田市の中心地に位置する。江戸時代後期頃より、八王子方面から横浜へ生
糸を運ぶ絹の道や、東海道、大山街道などがこの地を通る。そのため、物資運搬の中
継地となり次第に生糸の取引が行われるようになって、宿場も増えて栄えた。

大山街道厚木宿 ［神奈川］

撮影者：スティルフリード
撮影年：明治５年頃（c1872）
画　像：鶏卵紙　190 × 240mm

　厚木は生糸の中心地である八
王子と東海道沿いの藤沢を結ぶ
主要道路沿いにあたるため、た
くさんの店が建ち並んでいた。

大山　坂本の登山口 [神奈川]

撮影者：スティルフリード
撮影年：明治5年頃（c1872）
画　像：鶏卵紙　190×267mm

　「小田原を過ぎれば風祭、それより湯本、畑、何れも良き茶屋あり」（道中記）
　古くはこの道を湯本・塔ノ沢などの湯が湯運び人に担がれ、江戸城の徳川将軍への献上湯になったという。良質な温泉の誇りであろう。

小田原宿の街並み [神奈川]

撮影者：フェリーチェ・ベアト
撮影年：文久3年〜明治2年
　　　　（1863〜1869）
画　像：鶏卵紙　237×288mm

　小田原宿は、日本橋を出て9番目の宿場である。江戸を出てから通常は2泊目の宿場となる。東海道最大の難所といわれる箱根越えに備えて、ほとんどの旅人がここで宿泊したという。

藤沢　遊行寺 [神奈川]

撮影者：スティルフリード
撮影年：明治4年（1871）
画　像：鶏卵紙　190×239mm

　時宗の総本山で別号、藤沢山無量光院清浄光寺。中央は19世紀中期に建立された中雀門である。

箱根湯本の旅館福住 [神奈川]

画　像：鶏卵紙
190 × 240mm

　寛永 2 年（1625）に開業したこの老舗旅館は、慶応 3 年（1867）に焼失し、すぐに建て直したという記録がある。この写真が撮影されたのは、焼失前か焼失後なのかわからないが、明治 9 年（1876）には擬洋風の建物に改築される。

箱根宿 [神奈川]

画　像：鶏卵紙　190 × 240mm

　東海道の箱根 8 里は、小田原から箱根までの上りの 4 里と、箱根から三島までの下りの 4 里をいう。

＊80 〜 81 頁の写真は
撮影者：フェリーチェ・ベアト
撮影年：文久 3 年〜明治 2 年（1863 〜 1869）

箱根宿 [神奈川]
画　像：鶏卵紙
　　　　225 × 287mm
　箱根宿は、元和4年（1618）に箱根の山越えのために新設された宿場だった。

箱根　塔ノ沢温泉 [神奈川]
画　像：鶏卵紙　238 × 311mm
　右側手前が田村、中央が福住という温泉旅館である。この福住には、明治初期頃から福沢諭吉が定宿として泊まっていたという。

塔ノ沢温泉 [神奈川]
画　像：鶏卵紙　235 × 309mm

塔ノ沢温泉 [神奈川]
画　像：鶏卵紙　237 × 306mm

塔ノ沢の湯治場 ［神奈川］

撮影者：不詳
撮影年：1870 年代
画　像：鶏卵紙に手彩色

　箱根七揚・塔ノ沢のいで湯。早川
に沿い山峡にとけこんだ鄙びたた
たずまい。彩られた紅葉が心をいや
す。

箱根　木賀温泉 [神奈川]

撮影者：不詳　撮影年：明治初期（1868～1872）
画　像：鶏卵紙に手彩色　206×251mm
　宮ノ下から早川の西岸に沿い、宮城野へ通じる街道筋の温泉。夏は涼しく、上の湯・菖蒲の湯などは効能豊かな湯治場であった。

木賀温泉 [神奈川]

撮影者：フェリーチェ・ベアト
撮影年：文久3年～明治2年（1863～1869）
画　像：鶏卵紙　190×240mm
　木賀温泉は、将軍家への献上湯がなされるほどその名が高く、木賀渓谷と呼ばれたこの風景は、外国人旅行者にも好まれ、人気の温泉地であった。

箱根　宮ノ下の奈良屋旅館 [神奈川]

撮影者：スティルフリード
撮影年：明治4年頃（c1871）
画　像：鶏卵紙に手彩色　390×440mm

箱根　大涌谷 [神奈川]

撮影者：不詳　撮影年：1870年代
画　像：鶏卵紙に手彩色
　　大涌谷の往来には婦人や子供、老人は山駕籠を利用した。

宮ノ下の富士屋ホテル

[神奈川]
撮影者：スティルフリード
撮影年：明治11年頃（c1878）
画　像：鶏卵紙　190×266mm
　　明治11年（1878）に創業した
当時の富士屋ホテルである。ベッ
ドや食堂、ビリヤードなどヨー
ロッパ調の調度品を備えていた。
2階建ての棟（正面）と3階建
ての棟（右）を繋げたこの建物
は明治16年（1883）の宮ノ下大
火で灰燼となった。

箱根　六地蔵 ［神奈川］
撮影者：不詳
撮影年：不詳
画　像：鶏卵紙に手彩色
　中世以降の地蔵信仰は六道（地獄・餓
鬼・畜生・阿修羅・人間・天上の六つの
苦難）から衆生を救い、また悪魔の侵
入を境で守る道祖神の役目も果たしてい
る。正安２年（1300）建立。

箱根神社の石段 ［神奈川］
撮影者：フェリーチェ・ベアト
撮影年：文久３年〜明治２年
　　　　（1863〜1869）
　画　像：鶏卵紙　275×235mm

箱根　湯本茶屋のはずれあたりか ［神奈川］
撮影者：フェリーチェ・ベアト
撮影年：文久３年〜明治２年（1863 〜 1869）
画　像：鶏卵紙　285 × 233mm

芦ノ湖と箱根宿の眺め［神奈川］
撮影者：フェリーチェ・ベアト
撮影年：文久3年〜明治2年
　　　　（1863〜1869）
画　像：鶏卵紙
　　　　（左）227×268mm
　　　　（右）227×269mm

箱根より富士を望む［神奈川］
撮影者：不詳
撮影年：不詳
画　像：鶏卵紙に手彩色

箱根宿 [神奈川]
撮影者：不詳
撮影年：1870年代
画　像：鶏卵紙

No. 412 · HAKONE LAKE

箱根神社から芦ノ湖望見 [神奈川]

撮影者：不詳　撮影年：1880年代　画　像：鶏卵紙に手彩色
　鬱蒼とした古杉に囲まれた境内から芦ノ湖を眺め見る。幽玄のな
かに絵画的な情感があふれている。

関所跡から箱根を
望む [神奈川]

撮影者：不詳
撮影年：明治4年～明治14年
　　　　（1871～1881）
画　像：鶏卵紙
　『大日本全国名所一覧』よ
り。明治2年（1869）、関
所制度が廃止されて、建物
も撤去された。写真中央の
見返り松が関所跡を示す。
また、芦ノ湖の左遠方が箱
根宿。

芦ノ湖 [神奈川]
撮影者：フェリーチェ・ベアト　撮影年：文久3年〜明治2年（1863〜1869）
画　像：鶏卵紙　234×288mm
　塔ヶ島の手前付近から湖水越しに見た箱根宿の眺めである。

芦ノ湖畔　賽の河原の銅造地蔵菩薩座像 [神奈川]
撮影者：フェリーチェ・ベアト
撮影年：文久3年〜明治2年（1863〜1869）
画　像：鶏卵紙　190×239mm
　元箱根の一の鳥居より箱根宿方面に位置する賽の河原にあった地蔵菩薩である。明治4年（1871）に、廃仏毀釈で光背や周辺の石造物が壊された。この地蔵菩薩はのちに売却され、現在は小田原にある徳常院に現存する。

芦ノ湖 ［神奈川］

撮影者：不詳
撮影年：1880年代
画　像：鶏卵紙に手彩色

　箱根旧道を登りきって下り坂になると芦ノ湖が見える。
旅人は広々とした眺望に、暫し旅の疲れを癒した。

芦ノ湖に映える富士 ［神奈川］

撮影者：不詳
撮影年：不詳
画　像：鶏卵紙に手彩色
　西方に望む富士の秀峰。その影は
静かに澄みきった湖面に映じ、逆さ
富士の美しさに心が洗われる。

伊豆の温泉郷 [神奈川]

撮影者：下岡蓮杖か
撮影年：慶応元年〜明治3年頃（c1865〜c1870）
画　像：名刺判　鶏卵紙　56×91mm

堂ヶ島 [神奈川]
撮影者：スティルフリード
撮影年：明治4年頃（c1871）
画　像：鶏卵紙　238×188mm
　早川の渓谷に囲まれたこの温泉場は落ち着い
た佇まいが人気となった。中央に流れるのは「調
べの滝」で、1番奥の建物が奈良屋、道に沿っ
て奥から江戸屋、大和屋と並ぶ。

第3章
京都・大阪と近畿

　京都最古級の湿板写真といわれるのは安政6年（1859）、鳩居堂主人の熊谷直孝を撮影したものである。京都には、長崎で化学を学んだ辻礼輔やその弟子明石博高、あるいは辻から写真術を伝授されたという堀与兵衛らがいるが、写真術を最初にもたらしたのは知恩院寺侍堀内信重であるといわれる（中川邦昭「知恩院・京都写真発祥の地―堀内信重の業績―（『日本写真学会誌』67巻2号　2004年）。

　大阪では慶応元年（1865）に内田九一が天満橋近くの石町で写真館を開いた。同じころ、高麗橋でもと中津藩士守田来三が写真館を開いていた。

　神戸では、明治3年（1870）に神戸元町3丁目に写真館を開いたのが、市田左右太だが、彼はもともと慶応4年（1868）に京都で写真館を開いており、「関西第一の大家」と呼ばれた。

　関西において、こうして写真術が広がり、桑田正三郎の『月の鏡』（1916）によると、明治5年には東の大関に大阪の守田来三が選ばれ、西の大関に神戸に写真館を開いていた上野彦馬の弟幸馬の名があり、有名を博していたことがうかがえる。

（文／塚越　俊志）

清水寺［京都］
撮影者：不詳
撮影年：明治初期
　　　　（1868〜1872）
画　像：鶏卵紙に手彩色
　　　　205 × 251mm

金閣寺（鹿苑寺）［京都］

撮影者：フェリーチェ・ベアト
撮影年：文久3年〜明治2年（1863〜1869）
画　像：鶏卵紙　214×275mm

　金閣寺は、室町時代に3代将軍足利義満が、鎌倉時代の公卿西
園寺公経の別荘を譲り受け、山荘北山殿を造ったのが始まりであ
る。義満の死後、遺言により寺となる。写真に写るこの庭園と建
築は極楽浄土を表わすという。

54 KINKAKUJI GARDEN - KIOTO

金閣寺（鹿苑寺）［京都］
撮影者：不詳　撮影年：明治期（1868〜1912）　画　像：鶏卵紙に手彩色
　応永4年（1397）、足利義満は西園寺家の別荘を譲りうけ、数棟の建物と池を
配した庭園を造った。「金閣」の名は、柱や戸・壁などが金箔仕上げによること
からついた。昭和25年（1950）、学僧の放火により全焼し、5年後に再建された。

金閣寺（鹿苑寺）［京都］
撮影者：フェリーチェ・ベアト
撮影年：明治初期（1868〜1872）
画　像：鶏卵紙に手彩色
　　　　206×252mm
　豪華絢爛たる建築美と鏡池の回
遊式庭園美は、室町幕府の権威を
象徴している。

銀閣寺（慈照寺）［京都］

撮影者：不詳　撮影年：不詳　画　像：鶏卵紙に手彩色
　文明 15 年（1483）、足利義政は東山に東山殿のほか次々と御殿を建立した。没後に東山殿を慈照寺と改め、観音殿を義満の「金閣」に対し「銀閣」と呼ぶ。庭園は上段が石組の庭、下段は池泉回遊式の名園として知られる。

銀閣寺（慈照寺）［京都］

撮影者：不詳
撮影年：明治初期（1868 ～ 1872）
画　像：鶏卵紙に手彩色
　　　　206 × 248mm
　金閣寺に対して付された寺名で、寺内の建築でも有名。唐門、総門のほか方丈前の空間に設けられた砂の造形「銀沙灘（ぎんしゃだん）」が目を惹く。

法観寺の五重塔（八坂の塔）［京都］

撮影者：不詳　撮影年：幕末（1853 ～ 1867）
画　像：鶏卵紙に手彩色　415×468mm
　過去の時代の争乱により、焼失や再建を繰り返したが、足利義教に
よって復興し江戸期には修復が行われた。

京都の女性 ［京都］

撮影者：フェリーチェ・ベアト
撮影年：文久3年〜明治10年（1863〜1877）
画　像：鶏卵紙に手彩色　240×179mm

法観寺の五重塔（八坂の塔）［京都］

撮影者：不詳　撮影年：幕末（1853〜1867）
画　像：鶏卵紙　415×468mm
　高さ46mで東山の麓にあるため遠くからでも眼につく。

川辺の様子 [京都]

撮影者：フェリーチェ・ベアト
撮影年：文久3年〜明治2年（1863〜1869）
画　像：鶏卵紙　190×240mm

　ベアトは、来日した文久3年（1863）にワーグマンとともにスイス全権大使エメ・アンベールの日本の国内旅行に同行した。その時、外国人が立ち入ることができない規制区域である江戸や京都を訪れ、撮影している。これはその頃の撮影だろうか。

KIOTO. 529

三条大橋 [京都]
撮影者：スティルフリード
撮影年：明治5年（1872）
画　像：鶏卵紙　190×266mm

四条鉄橋 [京都]

撮影者：不詳
撮影年：明治7年〜明治14年（1874〜1881）　画　像：鶏卵紙
　『大日本全国名所一覧』より。明治7年（1874）4月1日に落成した鉄橋。

円山の茶屋 [京都]

撮影者：不詳　撮影年：明治中期
画　像：鶏卵紙に手彩色　207×251mm
　東山の西麓にある円山公園の茶屋は、八坂神社や知恩院に接
しており、人々は春の花、秋の紅葉、糸のような枝垂れ桜など
祇園の行楽と眺望を楽しんだ。

嵐山 [京都]

撮影者：不詳　撮影年：明治中期
画　像：鶏卵紙に手彩色
　　　（左）208×272mm　（中）208×235mm　（右）209×268mm

　ここは平安時代の歴代天皇の遊覧地である。右遠方に見える大堰川に架かる渡月橋は、亀山上皇が橋の上の月を眺めて「くまなき月の渡るに似る」と述べたところその名が付いたという。

嵐山渡月橋 [京都]

撮影者：不詳
撮影年：明治4年〜明治14年（1871〜1881）
画　像：鶏卵紙

『大日本全国名所一覧』より。写真は明治中期まで架かっていた、土橋の頃のもの。

春の嵐山 ［京都］

撮影者：不詳
撮影年：不詳
画　像：鶏卵紙に手彩色
　春の桜、初夏の新緑、秋の楓、冬の雪景、船を
浮かべて幽勝を探る。すべて一幅の画であろう。

嵐山付近 ［京都］

撮影者：不詳
撮影年：明治中期
画　像：鶏卵紙に手彩色　206×252mm
　亀岡から嵐山付近まで奇景とスリルを
楽しむ保津川下りもこの地が終点。ここ
嵐山は紅葉の名所として知られており、
その美しさは「拾遺集」や「千載集」の
歌枕となっている。

方広寺大仏殿釣鐘 [京都]

撮影者：不詳
撮影年：明治4年〜明治14年（1871〜1881）
画　像：鶏卵紙
　『大日本全国名所一覧』より。豊臣家滅亡の発端となった有名な方広寺の「国家安康」と刻まれた鐘。徳川300年間、写真のように野ざらしにされていた。

KIYOMIZU, KIOTO. 338.

清水寺 [京都]

撮影者：スティルフリード
撮影年：明治8年頃（c1875）
画　像：鶏卵紙　190×240mm
　写真は奥から三重塔、経堂である。右端に田村堂（開山堂）の角が
見える。この手前に清水の舞台がそびえる。

六角堂［京都］
撮影者：不詳
撮影年：明治4年～明治14年
　　　　（1871～1881）
画　像：鶏卵紙
　『大日本全国名所一覧』より。紫雲山頂法寺
六角堂は、華道池坊発祥の地として知られ、
池坊の家元が住職を兼務している。

黒谷の金戒光明寺 ［京都］

撮影者：スティルフリード　撮影年：明治8年頃（c1875）
画　像：鶏卵紙　190 × 239mm
　正面の石段を登ると文殊塔がある。

法光院の参道 ［京都］

撮影者：スティルフリード
撮影年：明治5年（1872）
画　像：鶏卵紙
　　　　190 × 267mm

京都御所　紫宸殿 [京都]
撮影者：横山松三郎
撮影年：明治5年（1872）
画　像：鶏卵紙　115×173mm

三十三間堂の菖蒲 [京都]
撮影者：不詳
撮影年：明治4年〜明治14年
　　　　（1871〜1881）
画　像：鶏卵紙
　『大日本全国名所一覧』よ
り。三十三間堂の付近は湿
地が多く、江戸時代より菖
蒲の名所であった。

京都御所　御学問所 ［京都］
撮影者：内田九一　撮影年：明治5年（1872）5月30日〜6月4日　画　像：鶏卵紙　55×87mm

京都御所 [京都]

撮影者：内田九一　撮影年：明治5年（1872）5月30日〜6月4日
画　像：鶏卵紙
　　　　　　（左）196×267mm　（中）195×268mm　（右）194×266mm
　明治天皇は、京都では御所を行在所とした。写真左が小御所、中央が御
学問所、写真右の奥に写る大きな屋根の建物が御常御殿である。建物は安
政2年（1855）に再建されたもので、安政内裏と呼ばれる。

二条櫓 [京都]

撮影者：不詳　撮影年：明治4年〜明治14年（1871〜1881）
画　像：鶏卵紙
　『大日本全国名所一覧』より。明治4年（1871）から14年間、二
条城内に置かれていた櫓。火事になると鐘楼の大鐘が鳴らされた。

勧業場 ［京都］
　勧業場は京都の殖産興業を担う機関であった。

司薬場 ［京都］
　司薬場は、明治政府が輸入薬品の検査のために設立した官立の
薬品検査機関。明治6年（1873）竣工。

七条停車場 ［京都］

　2階建て赤煉瓦造りの七条停車場。

四条通新京極町 ［京都］

　明治5年（1872）に開設された新京極。見世物小屋や飲食店が立ち並ぶ歓楽街がつくられた。

島原大門口 ［京都］

　天正17年（1589）に設けられたわが国最初の廓。

＊ 116 ～ 117 頁の写真は
撮影者：不詳
撮影年：明治4年～明治14年
　　　　（1871 ～ 1881）
画　像：鶏卵紙
出　典：『大日本全国名所一覧』
　　　　より。

大津の町並み ［滋賀］

撮影者：不詳
撮影年：明治初期（1868〜1872）
画　像：鶏卵紙に手彩色
　　　　207×252mm

　近江の海（琵琶湖）に臨む、静かな大津の町並み。千数百年前ここは「大津京」という都で、その佇まいは夢幻を誘う。由緒ある寺院は渡来文化の宝庫という。

唐崎の一つ松 ［滋賀］

撮影者：スティルフリード
撮影年：明治8年頃（c1875）
画　像：鶏卵紙　189×239mm

　巨大なこの一本の松は近江八景のひとつである。「花よりおぼろにて」と芭蕉に詠まれ、絵や写真に多く残された。

琵琶湖 ［滋賀］
撮影者：フェリーチェ・ベアト
撮影年：文久3年〜明治2年（1863〜1869）
画　像：鶏卵紙　　　211×289mm

琵琶湖に浮ぶ舟 ［滋賀］
撮影者：フェリーチェ・ベアト
撮影年：文久3年〜明治2年
　　　　（1863〜1869）
画　像：鶏卵紙
　　　　221×288mm
　琵琶湖独自の木造和船「丸
子船」の写真。

瀬田川の畔にある石山寺 [滋賀]

撮影者：フェリーチェ・ベアト
撮影年：文久3年〜明治2年（1863〜1869）　画　像：鶏卵紙　222×297mm
　石山寺は、天平19年（747）に東大寺の大仏に使う黄金の不足を心配していた聖武天
皇が、この場所に寺を建て如意輪法を修行させるようにと夢のお告げを受け、良弁僧正
を開基として開かせた寺である。巨大な岩盤の上に建ち、その名前の由来となった。

大津石山寺から琵琶湖を望む [滋賀]

撮影者：スティルフリード
撮影年：明治5年頃（c1872）
画　像：鶏卵紙　190×238mm
　写真中央左が石山側、右が
瀬田側、中央やや右に見える
瀬田の唐橋は近江の東西を結
ぶ唯一の橋であった。

石山寺 [滋賀]

撮影者：不詳
撮影年：明治初期（1868〜1872）　画　像：鶏卵紙に手彩色　　207×251mm
　境内の巨大で奇怪な岩盤は硅灰石で、岩上に観音像を祀った故事から寺名
がつけられた。

瀬田の唐橋 [滋賀]

撮影者：不詳
撮影年：明治4年〜明治14年
　　　　（1871〜1881）
画　像：鶏卵紙
　『大日本全国名所一覧』よ
り。この橋は、明治8年
（1875）に架け替えられた
と思われる。

彦根城 ［滋賀］
撮影者：不詳　撮影年：明治4年〜明治14年（1871〜1881）
画　像：鶏卵紙
　『大日本全国名所一覧』より。

彦根・八景亭 ［滋賀］
撮影者：不詳　撮影年：不詳　画　像：鶏卵紙に手彩色
　彦根城内の玄宮園・槻（けやき）御殿内の回遊式庭園。茶室の八景亭を
中心に近江八景をかたどっている。

粟津の松並木［滋賀］
撮影者：不詳　撮影年：明治4年〜明治14年（1871〜1881）
画　像：鶏卵紙
　　　『大日本全国名所一覧』より。

旧草津宿の名物姥が餅屋［滋賀］
撮影者：不詳　撮影年：明治4年〜明治14年（1871〜1881）
画　像：鶏卵紙
　　　『大日本全国名所一覧』より。江戸時代、草津の名物としてその名を知られていた。

228.

船場 [大阪]

撮影者：不詳　撮影年：明治初期（1868〜1872）　画　像：鶏卵紙に手彩色　　206×254mm
　大阪の中央部に位置する、東西を横堀川、北と南を土佐堀川と長堀川に囲まれた長方
形の土地。北浜や御堂筋などの問屋街や金融街があり、商業の中心地として栄える。

淀川の難波橋と天神橋の眺め [大阪]

撮影者：内田九一
撮影年：明治5年〜明治9年（1872〜1876）
画　像：鶏卵紙に手彩色　　198×256 mm

　写真は難波橋の奥に天神橋、そのさらに遠方には天満橋が写っている。
下流から上流方向の浪華三大橋の眺めである。左遠方の木が茂っている
辺りが大阪城である。

天神橋 [大阪]

撮影者：内田九一
撮影年：明治5年（1872）5月28日〜5月30日　6月4日〜6月7日
画　像：鶏卵紙に手彩色　　206×249 mm
　天神橋の遠方に天満橋が見える。天満橋の手前にはよく見えないが八軒屋船場がある。

戎橋 [大阪]

撮影者：不詳　撮影年：1880年代　画　像：鶏卵紙に手彩色
　「はなやかな　灯に吸われ行く　戎橋」
　道頓堀川に架かり、今宮戎に通じる橋なので、この名がついた。今は、みなみの「道ブラ」の橋となっている。

淀川に架かる橋の風景 ［大阪］

天満橋 ［大阪］
　北岸より見た天満橋。

＊128〜129頁の写真は
撮影者：不詳
撮影年：明治4年〜明治14年（1871〜1881）
画　像：鶏卵紙
出　典：『大日本全国名所一覧』より。

天神橋八軒家 ［大阪］

　江戸時代の淀川は、旅人を運ぶ三十石船が大坂〜京都間を往来していた。
天満・天神橋間の南の浜にある八軒家は、三十石船の船着き場のひとつ。

高麗橋 [大阪]

撮影者：内田九一
撮影年：明治5年（1872）
画　像：鶏卵紙に手彩色　204 × 248 mm

　高麗橋は、天神橋と難波橋の間の南側にある東横堀川に架かる橋である。明治3年（1870）に鉄橋に架け替えられて「くろがね橋」とも呼ばれた。この周辺には多くの豪商が軒を連ね、江戸の日本橋同様に街道の起点にもなっていた。

高麗橋 [大阪]

撮影者：内田九一
撮影年：明治5年（1872）
画　像：鶏卵紙　207 × 265 mm

北御堂（本願寺津村別院）[大阪]

撮影者：内田九一　撮影年：明治5年（1872）5月28日〜30日
画　像：鶏卵紙　207×265mm
　明治5年（1872）の明治天皇の西国行幸では、この寺が行在所
となった。玄関前の兵士はそのときの護衛の兵士か。

護衛の兵士か（上写真の拡大）

　被服は明治3年（1870）制定の「陸軍徽章」に準じており、全員が
私物の輸入サーベルを所持している。

131

大阪城本丸南側の六番櫓と三番櫓 [大阪]

撮影者：内田九一　撮影年：明治5年（1872）6月6日
画　像：鶏卵紙に手彩色　205×250 mm

　南外堀には中央に写る六番櫓の手前に七番櫓、六番櫓の後ろには五番櫓、
四番櫓と一番まで順にあったが、七番、五番、四番は慶応4年（1868）に焼
失している。現在は六番と一番のみが現存している。

鎮台砲兵屯所 [大阪]

撮影者：不詳
撮影年：明治4年〜明治14年
　　　　（1871〜1881）
画　像：鶏卵紙
　『大日本全国名所一覧』
より。大阪城に置かれた。

大阪城大手 [大阪]
撮影者：不詳　撮影年：明治4年〜明治14年（1871〜1881）
画　像：鶏卵紙
　　『大日本全国名所一覧』より。写真右奥に大手門。その手前に千貫櫓、坤櫓と続く。左隅は乾櫓。

造幣寮 [大阪]
撮影者：内田九一　撮影年：明治5年（1872）5月30日〜6月4日
画　像：鶏卵紙　207×265mm
　　造幣寮の門前で明治天皇の奉迎のために整列している近衛兵。

四天王寺［大阪］

撮影者：フェリーチェ・ベアト

撮影年：文久3年〜明治2年（1863〜1869）

画　像：鶏卵紙　276×226mm

　手前から金堂、五重塔、中門と、北から南方面に撮影されている。一直線に並べられたこの伽藍配置は、日本では最も古い様式である。

四天王寺 [大阪]
撮影者：不詳　撮影年：明治初期（1868～1872）
画　像：鶏卵紙に手彩色　203×252mm
　数度の火災や空襲などに遭ったが、現在は飛鳥様式に復元して再建されている。

住吉大社の反橋 [大阪]
撮影者：フェリーチェ・ベアト
撮影年：文久3年～明治2年（1863～1869）
画　像：鶏卵紙　209×266mm

住吉神社の反橋と蓮 [大阪]
撮影者：不詳　撮影年：不詳
画　像：鶏卵紙に手彩色
　名物の反橋は淀君が奉納したと伝えられる。

川口波止場 ［大阪］
明治4年（1871）に川口波止場が造られた。

136

堂島米会所 ［大阪］

　堂島米会所は明治4年（1871）に
設立された。

＊136〜137頁の写真は
撮影者：不詳
撮影年：明治4年〜明治14年
　　　　（1871〜1881）
画　　像：鶏卵紙
出　　典：『大日本全国名所一覧』より。

大阪府庁 ［大阪］
明治7年（1874）に竣工した2代
目庁舎。

梅田停車場［大阪］
　明治 7 年（1874）、大阪〜神戸間に鉄道が開通した。

心斎橋より北方を望む［大阪］
　明治 6 年（1873）に木橋から鉄橋に架け替えられた。

天保山 [大阪]
　標高 4.53 メートルの築山で、日本一低い山で知られる。明治期に煉瓦造りの灯台が設置された。

四ツ橋 [大阪]
　四ツ橋とは、長堀川と西横堀川が十字に交差した地点に「ロ」の字型に架けられていた上繋橋、下繋橋、炭屋橋、吉野屋橋の4つの橋の総称である。

＊138〜139頁の写真は
撮影者：不詳
撮影年：明治4年〜明治14年（1871〜1881）
画　像：鶏卵紙
出　典：『大日本全国名所一覧』より。

神戸外国人居留地 ［兵庫］

撮影者：不詳
撮影年：明治6年頃〜15年頃（c1873〜c1882）
画　像：鶏卵紙（3枚綴りのパノラマ写真）
　　　　（左）206 × 263mm
　　　　（中）206 × 278mm
　　　　（右）204 × 222mm

　明治5年（1872）の明治天皇巡幸より何年か
のちに撮影されたものである。慶応3年12月7
日（1868年1月1日）に開港となった際、神戸
居留地にあるのは、運上所の施設と3ヶ所の埠
頭、3棟の倉庫のみだった。道路や溝渠の工事
が完了したのが明治4、5年頃（c1871, 2）、土
地の競売が終わったのが明治6年のようだ。

神戸外国人居留地 ［兵庫］

撮影者：フェリーチェ・ベアト
撮影年：明治4年〜明治10年（1871〜1877）
画　像：鶏卵紙
　　　　（左）192 × 256mm
　　　　（右）193 × 255mm

　安政五カ国条約に基づいて、慶応3年から
明治32年（1867〜1899）に神戸市中央区
に置かれていた外国人居留地である。

B 277 IKUTA-TEMPLE, KOBE

生田神社 ［兵庫］

撮影者：不詳
撮影年：不詳
画　像：鶏卵紙に手彩色
　　神戸市の中央にある元官
幣中社。古来より近郷の産
土神として崇敬を集め、社
殿裏の森や池などが数多く
の古歌に詠まれている。

生田神社の巨木 ［兵庫］

撮影者：不詳
撮影年：幕末（1853 ～ 1867）
画　像：鶏卵紙に手彩色
　　　　207 × 251mm

湊川神社 ［兵庫］

撮影者：不詳
撮影年：明治中期
画　像：鶏卵紙に手彩色
　　　　205 × 251mm

　元別格官幣社。南北朝時代の武将・楠木正成は、延元元年（1336）鎌倉幕府倒幕の戦いで湊川で戦死した。のちに新政の功労者として大楠公と称せられ、明治5年（1872）同地に創建された神社に一族とともに合祀された。

湊川神社の能楽殿 ［兵庫］

撮影者：不詳
撮影年：明治中期
画　像：鶏卵紙に手彩色
　　　　205 × 251mm

　能楽殿関係の占める広さは245坪（約800平方メートル）。南北朝時代から室町時代にかけて舞台芸能は猿楽能と呼ばれた。その後格式ある大社寺に属した能役者は、神社の能舞台で武家の式楽として技芸を披露した。

湊川神社 ［兵庫］

撮影者：内田九一
撮影年：明治5年（1872）
　　　　7月6日～ 10日
画　像：鶏卵紙　207 × 266mm

兵庫の大仏 [兵庫]

撮影者：不詳　撮影年：1890年代　画　像：鶏卵紙に手彩色

　天台宗・能福寺は平清盛が入道した寺で、本尊は薬師如来で「岡の薬師」と呼ばれた。境内には明治24年（1891）、完成の青銅製の「兵庫の大仏」が安置されていたが、第2次世界大戦のおりに台座を残して供出された。

須磨の浦 [兵庫]

撮影者：不詳
撮影年：不詳
画　像：鶏卵紙に手彩色

　明石海峡の海浜・須磨は、白砂青松で水碧く、淡路島が波間にあり、帆舟が点々として浮かび風趣があった。

諏訪山遊園地への登り口 [兵庫]

撮影者：不詳
撮影年：明治初期（1868～1872）
画　像：鶏卵紙に手彩色
　　　　205×250mm

　三宮近くで小高い丘上にあり老樹
が繁り、諏訪明神の社もあった。街
や海の眺望も良く、山中に炭酸泉が
涌き、明治初めには浴場や料亭がで
きた。

神戸近郊 [兵庫]

撮影者：不詳
撮影年：明治中期
画　像：鶏卵紙に手彩色
　　　　204×253mm

東大寺の大仏殿 ［奈良］

撮影者：スティルフリード　撮影年：明治8年頃（c1875）　画　像：鶏卵紙　192×240mm
　建物全体がだいぶ傷んでいることがわかる。明治40年（1907）に大修理が行われた。

東大寺南大門 ［奈良］

撮影者：不詳

撮影年：明治4年〜明治14年
　　　　（1871〜1881）

画　像：鶏卵紙

　『大日本全国名所一覧』
より。明治時代の修理時
に、南大門の丸柱（円柱）
の腐れ部分に埋め木が施
された。

法隆寺の五重塔 [奈良]

撮影者：横山松三郎　撮影年：明治5年（1872）　画　像：鶏卵紙　276×212mm

　建立は、和銅4年（711）頃と推定される。高さは基壇から31.5メートル。
日本に現存する木造塔としては最も古い。

147

和歌ノ浦市中を望む［和歌山］

　和歌山市の南西部に位置する景勝地の総称で、現在は国指定の名勝である。

高野山一心院谷不動堂
［和歌山］

　高野山内に現存する建物のなかで最古の堂である。

高野山六時鐘 ［和歌山］

　戦国武将の福島正則が建立したといわれる。

＊148 〜 149 頁の写真は
撮影者：不詳
撮影年：明治4年〜明治14年
　　　　（1871 〜 1881）
画　像：鶏卵紙
出　典：『大日本全国名所一覧』より。

高野山金堂正面 [和歌山]

　金堂は、万延元年（1860）に再興された、十四間四面、重層、銅瓦葺、欅材・装飾（彫刻）を多用した殿堂。この堂は昭和元年火災焼失して、昭和7年に再建されたのが現在の金堂。

高野山金堂横面 [和歌山]

高野山御影堂 [和歌山]

　金堂北方にある御堂で、弘法大師・空海の持仏堂として創建されたのが始まりである。

第4章

名古屋と東海・北陸

　尾張藩第14代藩主徳川慶勝は「写真家大名」として知られる。尾張藩では、文久元年（1861）頃から写真研究の成果が出始めた。また、慶勝は写真を自ら研究し、お殿様でなければ撮影することができない、大名屋敷の生活ぶりや名古屋城内部の写真を含む1000点以上の作品を残した。技巧を凝らした四枚組の名古屋城で撮影した写真は「日本人による最初のパノラマ写真」と言われている（NHKプラネット中部編、（財）徳川黎明会監修『写真家大名・徳川慶勝の幕末維新』 NHK出版　2010年）。

　福井出身の丸木利陽は東京で開業し、明治天皇の御用写真師として知られ、皇族の写真や千円札の肖像として使われた伊藤博文の写真、五百円札の肖像として使われた板垣退助の写真などを残している（研谷紀夫編『皇族元勲と明治人のアルバム』　吉川弘文館　2015年）。

　新発田藩士丹後寛一郎は明治2年（1869）に下岡蓮杖から写真術を学び、帰郷後諏訪神社内に写真館を開設したほか、明治3年には吉川秀斎が新発田で写真撮影をはじめた。

　大垣では本草家飯沼慾斎も写真研究を行っている。慾斎は3男で津山藩医宇田川榕庵の養子となった興斎を含む門人たちに写真研究をさせた（遠藤正治・北村二朗・白井靖男・宮川俊夫・森田一郎・森田峰子編「飯沼慾斎門下、写真術の系譜（I）―宇田川興斎の『ポトカラヒイ』との関連性ならびに、小島柳蛙と江崎禮二のコラージュ写真を中心に―」（『日本写真学会誌』53巻3号　1990年）。

　この地域も幕府に近い藩が多いが、積極的に写真術を取り入れようとする様子がうかがえる。　　　　　　　　　　　　　　　　　　　　　　　　（文／塚越　俊志）

名古屋の大須付近 ［愛知］

撮影者：不詳　撮影年：1880年代　画　像：鶏卵紙に手彩色

　大須観音と五重塔周辺は、興行街と色街で賑わい、市内随一の盛り場であった。本堂のほか付近一帯は、度々の火災で焼失したが、本堂は戦後に復興している。

名古屋城 ［愛知］

撮影者：不詳　撮影年：1870年代
画　像：鶏卵紙

堀川 ［愛知］

撮影者：不詳　撮影年：1870 年代　画　像：鶏卵紙に手彩色

　古くは築城用資材の水運に利用された。明治の中期まで堀川で獲れた「はえ」（銀ぶな）のつくだ煮は名産として人気があった。

鳴海宿の中島橋 ［愛知］

撮影者：不詳

撮影年：明治4年〜明治 14 年
　　　　（1871 〜 1881）

画　像：鶏卵紙

　『大日本全国名所一覧』より。鳴海宿を流れる扇川に架かる中島橋。

名古屋城 [愛知]

撮影者：不詳
撮影年：明治初期（1868 ～ 1872）
画　像：鶏卵紙　53×81mm

　慶長15年（1610）、徳川家が江戸幕府の勢力安泰と東海地方の守り、また大坂の防備を主眼に築いた城。堀の石垣は加藤清正ほか西国大名が完成させ、よじ登りが困難な曲線をもっていた。

岡崎城 [愛知]

撮影者：不詳
撮影年：明治4年～明治14年
　　　　（1871 ～ 1881）
画　像：鶏卵紙

　『大日本全国名所一覧』より。徳川家康生誕の城。家康はこの城を拠点に三河を平定する。家康の関東入部後は代々譜代大名が入城していた。

御油の橋 [愛知]

撮影者：不詳
撮影年：明治4年～明治14年
　　　　（1871 ～ 1881）
画　像：鶏卵紙

　『大日本全国名所一覧』より。東海道五十三次の35番目の宿場があった。松並木が美しいところである。

伊勢神宮 ［三重］
撮影者：不詳　撮影年：明治4年〜明治14年（1871〜1881）
画　像：鶏卵紙
　『大日本全国名所一覧』より。

伊勢神宮外宮　豊受大神宮の一の鳥居 ［三重］
撮影者：内田九一
撮影年：明治5年（1872）5月26日
画　像：鶏卵紙　55×90mm

明治天皇の座乗艦を見つめる人びと ［三重］

撮影者：内田九一
撮影年：明治5年（1872）
　　　　5月25日〜27日
画　像：鶏卵紙　51×84mm

　小舟の遠方に見えるのが、鳥羽浦に投錨している明治天皇の座乗艦・龍驤である。

五十鈴川に架かる宇治橋 ［三重］

撮影者：内田九一
撮影年：明治5年（1872）
画　像：鶏卵紙　50×76mm

　宇治橋は、伊勢神宮の内宮とされる皇大神宮の参道口にあたる場所にあり、俗界と聖界の境にある橋とされる。橋の奥に見える神明鳥居を進めば皇大神宮へ向かう。

津の公園 ［三重］

撮影者：不詳
撮影年：不詳
画　像：鶏卵紙に手彩色

　安濃川が望める元藤堂家の別邸跡。維新後の明治10年（1877）、県令・岩村定高が美しい桜や楓の公園にした。

1046. VIEW OF ATAMI.

熱海の眺望［静岡］

撮影者：不詳
撮影年：1880 年代
画　像：鶏卵紙に手彩色

　「伊豆の熱海か熱海の伊豆か、熱海名どころ　お湯どころ」（熱海節）

　海中から熱湯が湧き出たので熱海と名づけられた。相模湾に面し、紺碧の海原と湯量の豊富な温泉を誇る。

157

修善寺温泉と桂川 [静岡]

撮影者：不詳
撮影年：明治初期（1868 ～ 1872）
画　　像：鶏卵紙に手彩色　205 × 252 mm

　桂川に架かる虎渓橋の辺には、大同 2 年（807）弘法大
師が開創したという修善寺が静寂のなかに威厳を保つ。

沼津宿 ［静岡］

撮影者：不詳
撮影年：明治4年〜明治14年（1871〜1881）
画　像：鶏卵紙
　『大日本全国名所一覧』より。東海道五十三次の12
番目の宿場町。写真は狩野川岸の船着き場。

駿府城 ［静岡］

撮影者：不詳
撮影年：明治4年〜明治14年（1871〜1881）
画　像：鶏卵紙
　『大日本全国名所一覧』より。徳川家康の隠居城で、
総石垣造りで三重の堀を巡らせた壮大な城郭であっ
た。写真左の石垣は三の丸の石垣である。

下田港 [静岡]

撮影者：不詳
撮影年：明治4年〜明治14年
　　　　（1871〜1881）
画　像：鶏卵紙
　『大日本全国名所一覧』より。江
戸時代末期に、函館港とともに日
本で最初に開港した。写真の湾内
にある弁天島 は嘉永7年（1854）
アメリカのペリー提督の乗る黒船
に、吉田松陰と金子重輔が密航す
るために舟を漕ぎ出した場所であ
る。

修善寺温泉 [静岡]

撮影者：不詳
撮影年：明治4年〜明治14年
　　　　（1871〜1881）
画　像：鶏卵紙
　『大日本全国名所一覧』より。修善寺温泉の中心を流
れる、桂川河畔に湧く独鈷の湯は諸国行脚中の空海（弘
法大師）が桂川で病気の父の身体を洗う少年の孝行に
打たれ、持っていた仏具（独鈷杵）で川の岩を打ち霊
泉を湧き出させ、その湯により父親の病気が回復した
と伝わる温泉である。

旧東海道 ［静岡］

撮影者：フェリーチェ・ベアト
撮影年：幕末（1853〜1867）
画　像：鶏卵紙　185×274mm

　旧道は昼なお暗い杉並木や勾配の険しいつづら折りの悪路が多い。瀬音をたて清冽に流れる丸木橋に辿りつくと、ここで一息いれる。そこにはシャッポを被ったサムライ、裾を端折り傘をもつ年増女、舶来の蝙蝠傘を杖にした旅男、駕籠舁きなど、新旧交えた道中絵巻がドラマチックに展開している。

日坂宿 [静岡]

撮影者：不詳
撮影年：明治4年〜明治14年（1871〜1881）
画　像：鶏卵紙

　『大日本全国名所一覧』より。東海道五十三次の25番目の宿場
があった。現掛川市日坂。大田南畝の「改元紀行」には、日坂宿
の家々は蕨餅を売る家や、足の痛み止めの薬などを売る家が多い
と記されている。写真の「名物蕨餅」の看板の家と「お茶漬」の
看板の家は現在も存続している。

掛川宿 [静岡]

撮影者：不詳
撮影年：明治4年〜明治14年（1871〜1881）
画　像：鶏卵紙

　『大日本全国名所一覧』より。東海道五十三次の26番目の宿
場であり、掛川城の城下町でもあった。

No. 402 KASHIWABARA TOKAIDO.

東海道　柏原 ［静岡］

撮影者：不詳　撮影年：明治初期（1868〜1872）　画　像：鶏卵紙　201×257mm

　かつての旅人は、この柏原の街道筋を振り分け荷物を肩に往来した。近くに逆
さ富士の景勝地、浮島沼があり旅人の旅情をひととき慰めた。

大宮の富士登山道

[静岡]
撮影者：フェリーチェ・ベアト
撮影年：慶応2年〜明治2年
　　　　（1866〜1869）
画　像：鶏卵紙
　　　　190×266mm

　富士山南西麓の富士山本
宮浅間大社を起点とし、村
山浅間神社（興法寺）を経
て、山頂の南側へと達す
る道が大宮・村山口登山道
である。この道は万延元年
（1860）に英国特派全権公
使オールコックが外国人と
して最初の富士登山を行っ
た道としても知られる。

大宮からの富士遠望 ［静岡］
撮影者：不詳　撮影年：不詳
画　像：鶏卵紙に手彩色

須走からの富士の眺め [静岡]

撮影者：フェリーチェ・ベアト
撮影年：文久3年〜明治2年（1863〜1869）
画　像：鶏卵紙　201×257mm
　現静岡県駿東郡小山町須走の集落から富
士山を撮らえたもの。

須走から望む富士

[静岡]

撮影者：下岡蓮杖か
撮影年：慶応2年〜明治3年頃
　　　　（c1866〜c1870）
画　像：名刺判　鶏卵紙
　　　　56×91mm
　台紙内側にバン・リサ・
ブラザース社のスタンプが
ある。

鈴川から見る富士 ［静岡］

撮影者：不詳　撮影年：1880 年代
画　像：鶏卵紙に手彩色　201 × 257 mm
　街道にくっきり浮かぶ富士の山。旅人はその雄大さに足を止めて疲れを
いやした。そして清々しい気持ちで足どりも軽やかに旅路を進んだ。

鈴川からの富士 ［静岡］

撮影者：A・ファルサーリ
撮影年：1880 年代
画　像：鶏卵紙に手彩色
　鈴川は沼川ともいう。河合
橋を渡り中吉原に出れば、今
まで右側に見えた富士が左方
に見える。旧東海道がここで
大きく捻じれているので、上
方からきても左富士になる。

東柏原の富士 [静岡]
撮影者：玉村康三郎
撮影年：不詳
画　像：鶏卵紙に手彩色
　現静岡県富士市柏原の浮島沼からの
富士。沼に逆さ富士が映る。

浮島からの富士 [静岡]
撮影者：不詳
撮影年：不詳
画　像：鶏卵紙に手彩色

富士川から富士望見 [静岡]
撮影者：不詳　撮影年：不詳
画　像：鶏卵紙に手彩色

沼川から眺める秀麗な富士 [静岡]
撮影者：スティルフリード
撮影年：明治期（1868〜1912）
画　像：鶏卵紙に手彩色　199×266mm

柏原からの富士 [静岡]

撮影者：不詳
撮影年：不詳
画　像：鶏卵紙に手彩色

白糸の滝より富士遠望 [静岡]

撮影者：不詳
撮影年：不詳
画　像：鶏卵紙に手彩色
　「時知らぬ雪解けの水か神代より　とはに
落ち来る白糸の滝」
　水晶の簾をかけたように美しい名瀑と、
白嶺の富士の眺望は、まさに明眉。

富士山麓の農家 [静岡]
撮影者：不詳　撮影年：不詳　画　像：鶏卵紙　380×440mm

田子の浦の富士 [静岡]
撮影者：不詳
撮影年：不詳
画　像：鶏卵紙に手彩色
　北に富士を仰ぎ、西に三保の松原を望む
風趣ある名所。

舞坂からの富士 [静岡]
撮影者：不詳
撮影年：明治初期（1868～1872）
画　像：鶏卵紙に手彩色　209×269mm
　浜松郊外湖水の入り江にある静かな地。
近く松林が続き、舞坂林ともいわれた。

富士川の吊り橋 [静岡]
撮影者：不詳　撮影年：1880年代　画　像：鶏卵紙に手彩色

富士山望見 [静岡]
撮影者：不詳　撮影年：1880年代　画　像：鶏卵紙に手彩色

富士山 [静岡]
撮影者：フェリーチェ・ベアト
撮影年：文久3年〜明治2年
　　　　（1863〜1869）
画　像：鶏卵紙　214×296mm

B 21. FUJI FROM OMIYA

大宮から見た富士 [静岡]

撮影者：不詳　撮影年：1870年代　画　像：鶏卵紙に手彩色

　美しい富士山、きらめく川の流れ。両岸にいろいろ
の人物を配置した演出も工夫されていて面白い。

175

金華山 ［岐阜］
　金華山は岐阜市の標高 329 メートルの山である。

鯖江武生より白鬼女川を望む ［福井］
　武生を流れる日野川は、叔羅川（しくらがわ）とか
信露貴川（しろきがわ）、白鬼女川（しらきじょかわ）
とも呼ばれていた。川に渡しが浮かぶ。

> ＊ 176 〜 177 頁の写真は
> 撮影者：不詳
> 撮影年：明治 4 年〜明治 14 年
> 　　　　（1871 〜 1881）
> 画　像：鶏卵紙
> 出　典：『大日本全国名所一覧』より。

金沢城大手門 ［石川］
金沢城大手門。

兼六園瓢池 ［石川］
　兼六園は金沢城の外郭に造られた藩庭を起源とする池泉回遊式庭園で、岡山後楽園、水戸偕楽園と並び日本三名園の１つに数えられる。

源義経公雨晴 ［富山］
　富山湾の白砂青松海岸。雨晴とは義経と弁慶が山伏姿に変装して奥州へ落ち延びる途中、にわか雨が晴れるのを待ったという岩が地名の由来といわれる。

籠渡 ［富山］
　富山県東礪波郡上平村新屋（現南砺市新屋）を流れる庄川の籠渡。籠渡は絶壁や急流などの川の両岸の間に綱を渡して、その綱に吊り下げた籠に、人や物を乗せて対岸に渡すもの。

新潟県庁 ［新潟］
　明治維新後に新潟奉行所を新潟県庁とした。

新潟税関 ［新潟］
　新潟は、明治元年（1868）に開港した。明治2年に、関税業務を行う役所、新潟運上所（後・新潟税関）が建てられた。地元の大工が西洋建築を見よう見まねで造った建物で、「擬洋風建築」と呼ばれている。現存する庁舎は国の重要文化財に指定されている。

東堀 [新潟]

　信濃川河口の片原堀からは信濃川に注ぐ水路が５本（白山堀、新津屋小路堀、新堀、広小路堀、御祭堀）掘られていた。明治５年（1872）10月に片原堀は東堀と改められ、後に埋め立てられ東堀通と呼ばれる。

白山社鳥居 [新潟]

　白山神社には尾道の石工の名が刻まれた、北前船で運ばれた石の鳥居が立っている。

＊178 ～ 179 頁の写真は
撮影者：不詳
撮影年：明治４年～明治 14 年（1871 ～ 1881）
画　像：鶏卵紙
出　典：『大日本全国名所一覧』より。

第5章

下関と中国

　長府出身の亀谷徳次郎は、阿部寿八郎ともいい、長崎で手代役を務め、上野彦馬から写真術を学び、文久2年（1862）に長崎で開業した。慶応元年（1865）頃京都に出てきたものとみられ、堀内信重に写真技術を伝授している。慶応2年8月9日からは一橋慶喜のお抱え写真師となった（辻達也編『新稿一橋徳川家記』　続群書類従完成会　1983年）。同年12月5日に宗家を継ぎ15代将軍となった慶喜が慶応3年（1867）5月14日、松平慶永、島津久光、伊達宗城、山内豊信を呼んで話し合いの席を設けた際には、阿部に写真撮影をさせたことになっている。しかし、伊達家に残る写真には「横田彦兵衛」の名があり、これは桑田正三郎（小山正三郎）に写真撮影を指導した神戸元町鯉川筋の横田朴斎であることが判明している（戸定歴史館『将軍のフォトグラフィー』　1992年）。よって、阿部が慶喜のお抱え写真師だったのは慶応2年8月から12月までのわずかの期間だったと推測される。

　横田家は代々、二条城大手門前で献上品調達を行っていた。京都の公家や京都所司代に挨拶に伺う際の献上品を一手に扱っていたのである。慶喜との接点はこの家柄にあったといえよう。横田は明治2年（1869）に新政府の通商司から金札に添付する写真の制作を命じられている（桑田正三郎『月の鏡』）。その後、横田は事業に失敗し神戸から尾道に移り住んでいる。

　このように将軍に接した写真家もおり、彼らの存在は徳川慶喜が晩年に写真撮影を自ら行うようになっていくきっかけとなったのかもしれない。

（文／塚越　俊志）

亀山八幡宮の大鳥居と関門海峡 [山口]

撮影者：内田九一
撮影年：明治5年（1872）6月10日〜13日
画　像：鶏卵紙に手彩色　206×251mm

　大阪を6月7日に出発した明治天皇の一行は、10日に下関に到着した。旧本陣の伊藤九三邸を行在所として、六連島灯台の視察や船相撲を見学したという。亀山八幡宮は、応神天皇、仲哀天皇、神功皇后、仁徳天皇を祭神とする。この地はもともと亀の形に似た島で、江戸初期に埋め立てられて陸続きとなった。現在はこの海岸沿いも埋め立てられている。

亀山八幡宮からの眺め [山口]

撮影者：内田九一
撮影年：明治5年（1872）
　　　　6月10日〜13日
画　像：鶏卵紙　207×262mm

　「亀山さま」と親しまれている亀山
八幡宮は、古くから航海安全を祈願
する下関の「総鎮護の神社」として
知られ、歴代領主の大内氏・毛利氏
らの崇敬を受けて繁栄した。江戸時
代末期の文久3年（1863）には、藩
主が亀山八幡宮に攘夷を祈願したと
伝わる。

萩城 [山口]

撮影者：不詳
撮影年：明治4年〜明治14年
　　　　（1871〜1881）
画　像：鶏卵紙

　『大日本全国名所一覧』より。写真左の松は毛利氏以前の有倉氏の邸宅の松で有倉松と呼ばれていたが、明治初年に枯れて存在しない。その右は萩城天守。明治4年（1871）から7年にかけて、天守はじめすべての建物が払い下げられ、取り壊された。

六連島灯台 [山口]

撮影者：不詳　撮影年：明治4年〜明治14年（1871〜1881）
画　像：鶏卵紙　51×82mm

　下関の日本海側にある六連島にこの灯台が完成したのは、明治4年（1871）11月のことである。慶応3年（1867）にイギリスと締結した大坂約定で灯台の設置が決まり、明治政府がその事業を引き継いで5ヶ所に建設したうちの一つである。明治天皇は参議西郷隆盛らを従え中に入り、灯台長に設備や構造について詳細に尋ねたという。

亀山八幡宮の大鳥居 [山口]

撮影者：内田九一
撮影年：明治5年（1872）6月10日〜13日
画　像：鶏卵紙　56×89mm

錦帯橋 [山口]

撮影者：不詳
撮影年：明治初期
　　　　（1868～1872）
画　像：鶏卵紙に手彩色
　　　　55×83mm

　延宝元年（1673）、藩主・吉川広嘉により特異な工法で架橋された。木造五連の組木橋で釘を1本も使わず完成させた名橋と言われる。しかし昭和25年(1950)の台風で流され、3年後に再建された。

錦帯橋 [山口]

撮影者：不詳
撮影年：不詳
画　像：鶏卵紙

　藩主、吉川広嘉が考案した釘を使わない半円形・五連の名橋は、世界橋梁史上でも珍しい。

岩国市内 [山口]

撮影者：不詳
撮影年：明治4年～明治14年
　　　　（1871～1881）
画　像：鶏卵紙

　『大日本全国名所一覧』より。岩国城から錦川と岩国市内を見下ろした写真である。

厳島本社 ［広島］

撮影者：不詳
撮影年：明治4年〜明治14年
　　　　（1871〜1881）
画　像：鶏卵紙
　『大日本全国名所一覧』より。海
上鎮護の神として信仰されている。

干潟の宮島 ［広島］

撮影者：不詳
撮影年：不詳　画　像：鶏卵紙に手彩色
　日本三景のひとつ。干潮時になると
厳島神社の大鳥居付近は干潟となる。

宮島一の鳥居 ［広島］

撮影者：不詳
撮影年：明治4年〜明治14年
　　　　（1871〜1881）
画　像：鶏卵紙
　『大日本全国名所一覧』より。松島・
天橋立とともに宮島は日本三景に数
えられる景勝地である。鳥居は、厳
島神社の社殿の前に広がる海上に聳
え立つ。

尾道 [広島]

撮影者：不詳
撮影年：明治4年～明治14年（1871～1881）
画　像：鶏卵紙

　『大日本全国名所一覧』より。尾道は瀬戸内海に面し、古くから海運による物流の集散地として繁栄していた。対岸の向島との間の海は、その狭さから尾道水道と呼ばれている。

出雲大社本殿 [島根]

撮影者：不詳
撮影年：明治4年～明治14年（1871～1881）
画　像：鶏卵紙

　『大日本全国名所一覧』より。

後楽園 [岡山]

撮影者：不詳　撮影年：不詳
画　像：鶏卵紙に手彩色

　日本三名園のひとつ。14年の歳月をかけて元禄13年（1700）、岡山藩主池田綱政が完成させた。池泉、築山の配置や植樹など名園と呼ぶに相応しい。

第6章
松山と四国

　土佐出身の中浜万次郎は、安政7年（1860）に咸臨丸に通訳として乗船し、アメリカに渡った。咸臨丸が修理のためメーア・アイランド海軍工廠のドックに入っている間、アメリカのウィリアム・シュー写真館で撮影練習と薬品の調合と使用について学び、写真機と大量の薬品を購入したとされている。帰国後、江川代官所に雇われた万次郎は江戸の江川邸で写真撮影を行う。万次郎は当時日本で活動していた他の写真技術取得者が使用していなかった、黒色の樹脂を塗布したコントラストの高い鮮明なアンブロタイプを制作していたことがわかっている（谷昭佳「ジョン万次郎の写真活動と江川家旧蔵写真について」（『歴史読本』55巻7号　2010年）。

　大洲生まれの三瀬諸淵は文久元年（1861）に写真に興味を持っていたことは確かで、慶応元年（1865）に宇和島藩に出仕し、写真撮影を行っている。三瀬は長崎で直接か間接かはわからないが、上野彦馬や長崎養生所教頭ボードウィンから写真術を学んだ。三瀬の写真の特徴はスタジオではない場所で撮影しているところにある（愛媛県歴史文化博物館『三瀬諸淵』　2013年）。

　宇和島藩は四国の雄であり、西洋の技術も積極的に導入していった藩であった。

（文／塚越　俊志）

松山城 ［愛媛］

撮影者：不詳

撮影年：明治4年〜明治14年（1871〜1881） 画　像：鶏卵紙

　『大日本全国名所一覧』より。慶長7年（1602）、加藤嘉明が現在の松山市街に位置する勝山山頂に築城を開始し、五重の大天守を建てた。その後、蒲生忠知が引き継ぎ、さらに忠知改易により松平定行が入城した。松平定行は、加藤時代に造営された五重天守を、現在見る三重に改築した。

松山城二の丸 ［愛媛］

撮影者：不詳　撮影年：明治4年〜明治14年（1871〜1881）

画　像：鶏卵紙

　『大日本全国名所一覧』より。

金刀比羅宮金堂 [香川]

　全国の金刀比羅神社、琴平神社、金比羅神社の総本宮である。海上交通の守り神とされる。現在は国重要文化財に指定されている。

金刀比羅宮入口 [香川]

　丸亀から金刀比羅宮がある琴平に入る街道。街道の両脇に灯籠が並ぶ。

＊ 192 ～ 193 頁の写真は
撮影者：不詳
撮影年：明治4年～明治14年
　　　　（1871 ～ 1881）
画　像：鶏卵紙
出　典：『大日本全国名所一覧』より。

金刀比羅本宮［香川］
　明治 11 年（1878）の改築前の本宮。御祭神は大物
主神（おおものぬしのかみ）と崇徳天皇を祀っている。

金刀比羅鞘橋［香川］
　琴平町を流れる金倉川に架かる橋。現在は神事のとき
にのみ用いられ、通常は渡ることができない。

金刀比羅市中 [香川]

　象頭山（ぞうずさん）から市街を遠望。写真中央遠方の灯籠は、慶応元年（1865）に完成した、高さ 27 メートルの日本一高い灯籠で、国重要有形民俗文化財に指定されている。 瀬戸内海を航海する船の指標として建てられ、船人が金刀比羅宮を拝む目標灯となっていた。

＊ 194 〜 195 頁の写真は
撮影者：不詳
撮影年：明治4年〜明治 14 年
　　　　（1871 〜 1881）
画　像：鶏卵紙
出　典：『大日本全国名所一覧』より。

象頭山 [香川]

　象頭山は標高 538 メートル、琴平山と共に瀬戸内海国立公園、名勝、天然記念物に指定されている山である。山の名は、琴平街道から眺めた山容が、象の頭を思わせたからという。

鍋島の灯台 [香川]
　瀬戸内海を照らす鍋島灯台は、明治5年（1872）、灯台の父と呼ばれたリチャード・ヘンリー・ブラントンの設計によって設置された。石造りの白い灯台は、地上から 9.8 メートルの高さの灯台であるが、11 海里（約 20 キロメートル）先まで灯は届き、瀬戸内海航路の安全を担っている。

讃岐富士遠望 [香川]
　讃岐富士は飯野山の愛称である。香川県の丸亀市と坂出市の境に位置する標高 422 メートルの円錐形の美しい山である。

第7章

日光と関東・甲信

水戸では、安政元年（1854）、長崎に藩士菊池富太郎らを派遣してオランダ人から操船の技術を学ばせた。菊池はその時に写真研究も行っている（日本写真協会『日本写真史年表』　講談社　1976年）。

松代藩の佐久間象山は写真研究を行い、自作の写真機で撮影したとみられる写真も残っている。象山は写真機のことを「留影鏡」と呼んだ（緒川直人編、梅本貞雄著『写真師たちの幕末維新』　国書刊行会　2014年）。

群馬では島霞谷と島隆夫妻が写真研究を行っている。島霞谷が写真技術を習得した時期は不明だが、蕃書調所に勤める文久元年（1861）より前には習得している可能性がある。明治2年（1869）の開成校・大学東校時代には、尾張藩15代藩主徳川茂栄に写真術を伝授している。島隆は元治元年（1864）に霞谷の撮影に成功し、明治4年には桐生で写真館を開業している（新井昭男「明治初期における群馬の写真発達史について」（『群馬県立歴史博物館紀要』9号　1988年）。

行田出身の小川一眞は熊谷の吉原秀雄写場で湿板写真術を学び、富岡で撮影業を始めた。明治15年、アメリカに渡り明治17年帰国後、麹町区飯田町に写真館「玉潤館」を開業し、明治22年には新橋日吉町に小川写真製版所を開いて、日本における写真業並びに写真出版業の先駆者となった（岡塚章子「小川一眞の『近畿宝物調査写真』について」（『東京都写真美術館紀要』2号　2000年）。

関東は幕府を支持する藩が多いが、このように西南雄藩に負けず劣らず写真技術の研究が行われていたことがうかがえる。　　　　　　　　　　　　（文／塚越　俊志）

日光　東照宮の陽明門正面 [栃木]

撮影者：スティルフリード　撮影年：明治7年頃（c1874）
画　像：鶏卵紙に手彩色　397×444mm

　陽明門は高さ11.1メートルの二層づくりで、正面の幅は7メートル、奥行きが4.4メートルある。最初の創建は元和3年（1617）に造営総指揮南海坊天海のもと行われた。寛永13年（1636）には、造営奉行秋元泰朝のもと大改修が行なわれた。戊辰戦争では、板垣退助が東照宮を戦火から守ることを優先とし、谷干城を派遣して交渉を行い、幕府軍を退却させることに成功した。なお、陽明門の石段近くには土佐藩第2代藩主山内忠義の寄進した大きな銅製灯籠が残っている。

土浦城 [茨城]

　徳川家康の次男結城秀康の支城であったが、慶長6年（1601）に藤井松平氏が入封し、本格的に整備拡張を実施した。石垣こそなかったが、五重の堀に囲まれていた。写真左は現存する太鼓門。

水戸城 [茨城]

　写真は水戸城大手門。水戸城には本丸を挟んで東西の二の丸に櫓門があったが、そのうちのひとつが、この二の丸大手門である。

＊ 198 ～ 199 頁の写真は
撮影者：不詳
撮影年：明治4年～明治14年
　　　　（1871 ～ 1881）
画　像：鶏卵紙
出　典：『大日本全国名所一覧』より。

弘道館 ［茨城］

　江戸時代後期に第9代水戸藩主の徳川斉昭によって水戸城三の
丸内に作られた藩校である。江戸時代の藩校としては、全国有数
の規模を誇り、学問・武芸ほか医学まで含めた総合教育が行われ
ていた。維新後、明治15年（1882）まで県庁が置かれた。現在、
正庁・至善堂・正門は、国重要文化財に指定されている。

日光　東照宮神楽殿から見た陽明門［栃木］
撮影者：スティルフリード
撮影年：明治７年頃（c1874）
画　像：鶏卵紙に手彩色　415×480mm
　一日中見ていても飽きないので、別名「日暮の御門」とも呼ばれる。独特な屋根の曲線が冴え、豪華で精微な彫刻も独特な配色ですべてが国宝の名に恥じない。

東照宮　唐門 [栃木]
撮影者：不詳　撮影年：1880年代　画　像：鶏卵紙に手彩色

東照宮　陽明門入口 [栃木]
撮影者：不詳
撮影年：明治初期（1868〜1872）
画　像：鶏卵紙　210×275mm

東照宮　二の鳥居手洗鉢 [栃木]
撮影者：横山松三郎
撮影年：明治2年〜明治3年（1869〜1870）
画　像：ガラスステレオ写真　71×70mm

東照宮　陽明門と神楽殿 ［栃木］
撮影者：不詳　撮影年：不詳　画　像：鶏卵紙に手彩色
　八乙女が神楽を納める神楽殿から絢爛豪華な陽明門が一際ま
ぶしく見える。その精巧緻密な彫刻美と色彩感に優れた建築美
は、世界に誇れる芸術性をもつ。

202

東照宮　夜叉門［栃木］
撮影者：不詳　撮影年：不詳　画　像：鶏卵紙に手彩色
　徳川家光の霊廟、大猷院の門。鮮やかな牡丹の彫刻で統一され
ているので別名・牡丹門とも呼ばれる。多彩な彩りをした夜叉を
守護神として安置している。

東照宮　唐門前 [栃木]

撮影者：不詳　撮影年：幕末（1853〜1867）
画　像：鶏卵紙　230×293 mm

　陽明門の奥の正面に白を基調とした唐門がある。その両側には透塀が伸びており、門内には拝殿や石の門と本殿がある。門前に並ぶ人物は身なりも異なるが、門内では昇殿の資格も厳しい違いがあった。

東照宮　廻り灯籠 [栃木]

撮影者：不詳
撮影年：不詳
画　像：鶏卵紙に手彩色

　オランダから寄進された、六角形の中心部が自由に回転する黄銅製の灯籠。

門扉を開けた唐門 [栃木]
撮影者：スティルフリード
撮影年：明治7年頃（c1874）
画　像：鶏卵紙　239×190mm

門扉を閉じた唐門 [栃木]
撮影者：スティルフリード
撮影年：明治9年（1876）
画　像：鶏卵紙　239×192mm

東照宮　廻廊の彫刻美 [栃木]
撮影者：不詳　撮影年：不詳　画　像：鶏卵紙に手彩色

陽明門から左右にわたる総朱塗りと漆塗りの廻廊は、胴羽目や蟇股には絢爛優美な精緻極まりない彫刻がほどこされ、配置や構造も陽明門を一段と引き立たせている。

東照宮　水屋 [栃木]
撮影者：スティルフリード
撮影年：明治７年頃（c1874）
画　像：鶏卵紙に手彩色　402×488mm
　写真中央奥の鳥居の左に位置する建物が、水屋である。
この水屋の水盤（手水鉢）は元和４年（1618）に佐賀藩主・
鍋島勝茂によって「徳川家康公三回忌」を記念して奉納
された。

左上／東照宮　五重塔 [栃木]

撮影者：横山松三郎
撮影年：明治2年〜明治3年
　　　　（1869 〜 1870）
画　像：鶏卵紙　273 × 212mm
　慶安3年（1650）に建立され、火災ののち文政元年（1818）に再建されている。

右上／東照宮　五重塔 [栃木]

撮影者：スティルフリード
撮影年：明治7年頃（c1874）
画　像：鶏卵紙に手彩色
　　　　500 × 395mm

五重塔遠望 [栃木]

撮影者：不詳
撮影年：1870年代
画　像：鶏卵紙に手彩色
　大日如来を安置した五重塔。新築（のちに焼失）と再建ともに若狭小浜藩主の酒井家が寄進した。当時の最高の工法で耐震、耐風策を講じてある。

日光　中禅寺湖 ［栃木］
撮影者：不詳　撮影年：不詳　画　像：鶏卵紙に手彩色
　「水澄みて明鏡の如く、碧波山影を映す」
　四季の眺望も、それぞれ変化に富んだ趣がある。

日光中禅寺道・大平 ［栃木］
撮影者：不詳　撮影年：不詳　画　像：鶏卵紙に手彩色
　大平山麓の大平は中禅寺へ抜ける道。

中禅寺湖 ［栃木］
撮影者：スティルフリード
撮影年：明治７年頃（c1874）
画　像：鶏卵紙　190×267mm

J 15. CHIUZENJI, NIKK

中禅寺湖畔 ［栃木］

撮影者：不詳
撮影年：1870 年代
画　像：鶏卵紙に手彩色
　　中禅寺地方への女性の立ち入りは明治 5 年（1872）まで禁止されていた。
翌年に元来生息していなかった岩魚を湖に放流し、夫婦や家族連れの旅行
者で賑わいはじめた。明治 7 年（1874）から外国人の旅行も許された。

日光　神橋 [栃木]

撮影者：不詳　撮影年：1880 年代　画　像：鶏卵紙に手彩色

　美しい朱色の神橋は、さざなみが光る大谷川と深緑の杉の古木などの風趣に富んだ情景である。

神橋 [栃木]

撮影者：不詳　撮影年：1880 年代

画　像：鶏卵紙に手彩色　190 × 267mm

　日光の大谷川に架かる日光山内へのかけ橋。

神橋 [栃木]

撮影者：スティルフリード

撮影年：明治 7 年頃（c1874）

画　像：鶏卵紙に手彩色　405 × 488mm

日光街道　日光の杉並木 ［栃木］
撮影者：不詳　撮影年：不詳　画　像：鶏卵紙に手彩色
　三百年の昔、松平正綱、正信父子が 2 代にわたり旧日光神領の区域に 20 年の歳月をかけて植林して完成した。

日光街道　今市の杉並木
［栃木］

撮影者：不詳
撮影年：明治初期（1868 ～ 1872）
画　像：鶏卵紙に手彩色
　　　　206 × 256mm

妙義山中の岳 [群馬]

撮影者：不詳　撮影年：1880年代
画　像：鶏卵紙に手彩色

　群馬・妙義山は赤城山・榛名山とともに上毛三山のひとつに数えられる。山峰は白雲山、金洞山（中の岳）、金鶏山の3つに分かれており、奇岩怪石の奇勝は多くの人に絶賛され、古から山岳信仰の霊場でもある。

212

伊香保温泉 ［群馬］
撮影者：ファルサーリ　撮影年：明治初期（1868 〜 1872）
画　像：鶏卵紙に手彩色　81 × 77mm ステレオ写真
　榛名山中腹の伊香保は庶民的な雰囲気が好まれ、現在も多くの湯治客が訪れる。

伊香保温泉 ［群馬］
撮影者：不詳
撮影年：明治初期（1868 〜 1872）
画　像：鶏卵紙　81 × 77mm
　　　　ステレオ写真

成田山新勝寺 ［千葉］

　成田山新勝寺は真言宗智山派の仏教寺院である。平安時代中期
の開山と伝わり、本尊は不動明王で、不動明王信仰の一大中心地
である。参詣者数においては関東地方屈指の寺である。

＊214～215頁の写真は
撮影者：不詳
撮影年：明治4年～明治14年
　　　　（1871～1881）
画　像：鶏卵紙
出　典：『大日本全国名所一覧』より。

館山の那古寺観音堂 ［千葉］

　千葉県館山市那古にある那古寺。坂東三十三番結願所
である。写真には多宝塔（右）、観音堂（中央）が見える。
国重要文化財の銅造千手観音立像をはじめ、木造阿弥陀
如来像など多くの文化財が安置されている。

船橋大神宮 ［千葉］

　意富比神社（おおひじんじゃ）は、通称「船橋大神
宮」と呼ばれる。境内東方の丘には明治 13 年（1880）
に地元の漁業関係者によって建てられた、木造瓦葺 3
階建てで、高さ 12 メートルの灯明台がある。

富士吉田からの富士の眺め ［山梨］

撮影者：フェリーチェ・ベアト　撮影年：慶応2年〜明治2年（1866〜1869）
画　像：鶏卵紙　216×292mm
　ベアトは、慶応3年（1867）にオランダ総領事一行の箱根や富士登山に
同行し撮影をしている。写真はその頃の撮影だろうか。手前の側溝左に立
つ柱には「奉納永代献饌田」、「慶応2年6月」と記されている。

富士吉田［山梨］
撮影者：フェリーチェ・ベアト
撮影年：文久3年〜明治2年（1863〜1869）
画　像：鶏卵紙　210×289mm

富士吉田［山梨］
撮影者：フェリーチェ・ベアト
撮影年：文久3年〜明治2年（1863〜1869）
画　像：鶏卵紙　190×240mm

善光寺本堂 [長野]

　本堂は宝永４年（1707）の竣工。設計は幕府大棟梁甲良氏３代・甲良宗賀。
本尊は絶対秘仏の「一光三尊阿弥陀如来」で、現存では日本最古と伝わる。

上田城 [長野]

　写真右から北櫓、本丸東虎口の櫓門、
南櫓台の石垣、左奥は現存する西櫓が写
る。本丸東虎口の櫓門は平成６年に復元
されている。

＊ 218 ～ 219 頁の写真は
撮影者：不詳
撮影年：明治４年～明治 14 年（1871 ～ 1881）
画　像：鶏卵紙
出　典：『大日本全国名所一覧』より。

上田街学校 [長野]

　明治 11 年 (1878)、明治天皇の北陸巡幸が行われ、上田は 9 月 17 日の天皇の宿泊地
となった。その行在所にあてられたのが、この日のために町が総力をあげて新築した
上田街学校であった。写真は行在所となったその当日に写したものである。建物は後
に上田尋常高等小学校分教場となっていたが、明治 31 年に焼失した。

浦和県庁 [埼玉]

　明治政府による、明治 2 年（1869）の版籍奉還で浦和県が、明治 4 年
の廃藩置県で埼玉県が誕生、県庁が浦和に置かれ、埼玉県の行政・経済
の中心地となった。明治 22 年までこの仮庁舎が使われていた。

第8章

仙台と東北

　仙台の遠藤陸郎は、戊辰戦争では洋式部隊額兵隊隊員で、箱館戦争も戦っている。明治2年（1869）に戦争は終結し、明治9年から明治11年の間に仙台で写真店を開業した。敗戦から開業までの間の行動はわかっていない。遠藤が開業する以前に仙台ではすでに松尾寛亮と高倉義守が開業していた。このような競争の中で遠藤は政財界御用達の写真家として活躍した（西村勇晴「宮城県最初の写真家・遠藤陸郎」（『いきいきライフ宮城』17巻　1995年）。

　盛岡藩士関政民は明治3年に盛岡藩14代藩主南部利剛の写真を撮影したがこれは盛岡初の写真撮影といわれている。政民は長崎で写真技術を学んだとされている（『岩手日報』平成28年9月26日付記事）。

　弘前出身の武林盛一は安政5年（1858）に蝦夷地に渡り、箱館奉行所の外国船検査掛となった。外国艦船に出入りして写真に興味を持つようになり、明治元年、函館の写真師田本研蔵から写真術を学ぶ。明治4年に函館に写真スタジオを創設し、まもなく札幌へ移る。明治5年、札幌脇本陣取締吉野民次郎の推薦で開拓使写真御用掛に任命された。明治17年、東京麹町に写真スタジオを開業した（武林写真館同窓会武量会『武林写真館百年誌』 1972年）。

　東北は戊辰戦争に巻き込まれながらも、比較的早い段階で写真技術が導入されていることがうかがえる。　　　　　　　　　　　　　　　　　　　（文／塚越　俊志）

会津若松城 ［福島］

撮影者：不詳　撮影年：明治4年〜明治14年（1871〜1881）

画　像：鶏卵紙

　『大日本全国名所一覧』より。会津若松城の天守は五重五階の層塔型天守で、最上階に高欄を巡らす形式は定型である。天守建物よりひと回り大きい天守台上に建ち、台の東・南・西に塀を巡らしていた。写真は本丸内から見た天守と走長屋で明治元年（1868）の戊辰戦争の砲弾の跡が残る。天守台と鉄御門を結ぶ白壁の建物が走長屋（多聞櫓）。

仙台城遠望 ［宮城］

撮影者：不詳

撮影年：明治4年〜14年（1871〜1881）

画　像：鶏卵紙

　『大日本全国名所一覧』より。仙台城と城下を結ぶ広瀬川に架かる大橋付近の様子。左奥に大手門が見える。大橋は明治8年（1875）7月2日の洪水で流失したため、写真では大橋の両端部のみが残り、ほとんど原形をとどめていない。

塩竈市中 ［宮城］

撮影者：不詳
撮影年：明治中期　　画　像：鶏卵紙に手彩色

金華山 ［宮城］

撮影者：不詳
撮影年：明治4年〜明治14年
　　　　（1871〜1881）
画　像：鶏卵紙

　『大日本全国名所一覧』よ
り。牡鹿半島の東方にある周
囲約26キロメートルの島。
島全体が黄金山神社の神域と
なっており、恐山、出羽三山
と並ぶ「奥州三霊場」に数え
られている。

松島五大堂 ［宮城］
　五大堂は慶長9年（1604）、伊達政宗が再建造営した、東北地方最古の桃山建築である。現在、国重要文化財に指定されている。

松島五大堂 ［宮城］
　日本三景のひとつである景勝地・松島の観光桟橋付近から遠方の五大堂を写したものである。

```
＊223頁の写真2点は
撮影者：不詳
撮影年：明治4年〜明治14年（1871〜1881）
画　像：鶏卵紙
出　典：『大日本全国名所一覧』より。
```

平泉中尊寺金色堂（左）と経蔵 ［岩手］
撮影者：不詳
撮影年：明治初期（1868～1872）
画　像：鶏卵紙

菊池家の庭 ［岩手］

撮影者：不詳
撮影年：明治初期
　　　　（1868～1872）
画　像：鶏卵紙
　　　　193 × 235mm

　旧家の庭の長い樹齢を持つ松。家まわりや座敷から鑑賞できる場所に植え、築山や池を配置する造園は、しばし心に安らぎを与える。撮影対象となった理由が何かは不明である。

常盤橋 [山形]

撮影者：不詳　撮影年：明治4年〜明治14年（1871〜1881）
画　像：鶏卵紙
　『大日本全国名所一覧』より。最上川水系の須川に架かる橋である。
明治11年（1878）、羽州街道の整備にともない架設され、五連のアー
チが特徴の石で出来た眼鏡橋であった。明治23年、惜しくも洪水に
より落橋した。

招魂社（南部寺内村） [秋田]

撮影者：不詳
撮影年：明治初期（1868〜1872）
画　像：鶏卵紙に手彩色
　　　　193×235mm

温泉のある村 [福島]

撮影者：不詳
撮影年：明治 10 年頃（c1877）
画　像：鶏卵紙に手彩色
　写真には「福島県 Unomura 温泉」とある。Unomura は地名
ではなく、湯の村の意味である。

橋のある村 ［福島］
撮影者：不詳　撮影年：明治 10 年頃（c1877）
画　像：鶏卵紙に手彩色
　写真には「福島県 JIKKOHASHI」とある。

橋のある村 ［福島］
撮影者：不詳　撮影年：明治 10 年頃（c1877）
画　像：鶏卵紙に手彩色
　写真には「Jikkohashi at Unomura」とある。飯坂温泉の
「十綱橋（とつなばし）」である。

第9章
函館と北海道

　北海道最初の写真師、また洋服仕立ての始祖といわれるのが木津幸吉である。新発田出身の木津は初代ロシア領事ゴシケーヴィチの洋服を作り、仕立屋を開業した。写真に興味を持ち、領事に写真術を学び、元治元年（1864）頃（遅くとも慶応2年（1866）まで）に新地新町で写真場を開いた。箱館戦争が終結したのち、浅草に本格的な写真館を開いた（渋谷四郎編『幕末・明治　北海道写真史』　平凡社　1983年）。

　田本研造は熊野市に生まれ、長崎に出て医学や化学を学んだ。長崎奉行所の通訳としての転勤にともない、安政6年（1859）に箱館に来た。そこで、ロシア領事館付医師ゼレンスキーと交流を深め、写真技術を学び、さらに横山松三郎や木津幸吉らと研究しあい技術を磨いた。明治元年（1868）、叶同館付近で露天写場を開業し、明治2年に会所町に移転した。解体前の松前城や箱館戦争中の土方歳三、明治5年には、開拓使の仕事で函館・札幌などの北海道開拓の様子を撮影した（長野重一・飯沢耕太郎・木下直之編集責任『田本研造と明治の写真家たち』　岩波書店　1999年）。

　択捉島出身の横山松三郎は元治元年（1864）、写真と石板を下岡蓮杖に学んだ。慶応4年（1868）、江戸両国に写場を設け、明治4年に旧江戸城を撮影した。明治6年に写真館「通天楼」に洋画塾を併設し、下谷の池端に開校した。明治13年、写真と油絵を融合させた「写真油絵」を考案した（冨坂賢・岡塚章子・柏木智雄編『通天楼日記』　思文閣出版　2014年）。

　箱館ではロシア人を通じて写真や西洋画を学び、札幌や東京へとその技術を用いて展開させていった様子がうかがえる。　　　　　　　　　　（文／塚越　俊志）

開拓使札幌本庁 [北海道]

撮影者：不詳　撮影年：不詳　画　像：鶏卵紙

　『大日本全国名所一覧』より。開拓長官東久世通禧の時に札幌本府の建設が始まり、同時に札幌の街並みも整えられた。明治3年（1870）4月、現在の北4条東1丁目に開拓使仮庁舎が竣工。この建物の建築にあたったのはアメリカ人技師N・W・ホルトで、明治5年7月に着工し、翌年7月に上棟式、10月に竣工したが、明治12年1月に焼失した。その後、開拓使は開拓使女学校校舎（現南1条西3丁目）に移転し、跡地は試験圃場として使用された。

北海道庁庁舎 [北海道]

撮影者：不詳　撮影年：不詳　画　像：名刺判　鶏卵紙

　明治15年（1882）に開拓使が廃止され、函館県・札幌県・根室県と北海道事業監理局からなる三県一局の時代を経て、明治19年に北海道庁が創設され、アメリカ留学経験のある北海道庁土木課営繕技術者平井晴二郎を中心に設計した庁舎が、明治21年に完成した。

函館港における御召艦明治丸と随伴艦 [北海道]

撮影者：田本研造　撮影年：明治9年（1876）　画　像：鶏卵紙

　『大日本全国名所一覧』より。写真中央の大型船が明治丸。明治丸は灯台巡視船として日本政府がイギリスに発注した船で、天皇の乗る御召艦や練習船として使用した。

函館税関 [北海道]

撮影者：田本研造　撮影年：明治初年（1868～1872）

画　像：鶏卵紙

　基坂から税関（右中央奥の建物）を望む。函館港は安政6年（1859）に横浜港・長崎港とともに国内最初の貿易港として開港し、運上所（税関）が設けられた。

函館湾と弁天台場 [北海道]
撮影者：不詳　撮影年：不詳　画　像：鶏卵紙
　弁天台場は、幕末に五稜郭とともに箱館の防衛のために築かれた不等辺六角形の砲台である。箱館戦争では、新選組が中心となった旧幕府軍が陣取って戦った。

函館港 [北海道]
撮影者：不詳　撮影年：不詳
画　像：鶏卵紙
　函館港は昔は宇須岸（ウスケシ）（アイヌ語で港の端という意味）と呼ばれていて、日本海沿岸部からの海産物の取引港だった。

函館港と函館山 [北海道]
撮影者：不詳
撮影年：不詳
画　像：鶏卵紙
　函館港から望む函館山。標高334メートル、周囲約9キロ。牛が寝そべるような外観から臥牛山とも呼ばれている。現在はロープウェイで登頂することが出来る。

函館港に浮かぶ船 ［北海道］
撮影者：不詳
撮影年：不詳
画　像：鶏卵紙　ステレオ写真

函館公園 ［北海道］
撮影者：不詳　撮影年：不詳
画　像：鶏卵紙
　　『大日本全国名所一覧』より。明治 12 年（1879）に開園
した、函館市青柳町にある公園。明治期のイギリス領事リ
チャード・ユースデンの呼びかけにより開園した。

函館山と招魂社
撮影者：不詳
撮影年：不詳
画　像：鶏卵紙
　箱館戦争の官軍方戦
没者の慰霊を目的に建
立された。

五稜郭内の箱館奉行所庁舎［北海道］

撮影者：田本研造か
撮影年：明治初期　画　像：鶏卵紙
　安政2年（1857）、幕府は武田斐三郎の設計による西洋式の稜堡式城塞に着手、8年間かけて元治元年（1864）に五稜郭が完成した。箱館奉行所庁舎は、五稜郭内の星形平面の稜堡のほぼ中央に位置し、慶応2年（1866）に建てられた。

北海道の家［北海道］

撮影者：スティルフリード
撮影年：明治5年（1872）
画　像：鶏卵紙
　ボヘミア生まれの写真家スティルフリードは、明治5年（1872）に開拓使の御用写真家として北海道を撮影している。写真はその中の一枚である。

大沼から見た駒ヶ岳 ［北海道］
撮影者：スティルフリード
撮影年：明治5年（1872） 画　像：鶏卵紙　190×249mm

大沼の氷切り ［北海道］
撮影者：不詳　撮影年：明治10年（1877）以前
画　像：鶏卵紙
現在の大沼駅あたりから撮影した採氷風景。

二宮 ［北海道］

撮影者：スティルフリード　撮影年：不詳　画　像：鶏卵紙

　写真に「NINOMIYA」と記されていることから、帯広近くの豊頃町あたりの風景か。

小樽港 ［北海道］

撮影者：不詳　撮影年：不詳　画　像：鶏卵紙

　写真には「北海道札幌港」とあるが、小樽港の間違いだろう。明治期の小樽港は北海道開拓のための海陸の連絡地となっていた。石狩炭田の開発のため小樽から札幌まで北海道で初めての鉄道が引かれ、石炭の積み出しや物資供給の中継港として発展した。

函館裁判所 ［北海道］

撮影者：田本研造
撮影年：明治８年頃（c1876）
画　像：鶏卵紙

　函館裁判所は２つある。写真は明治８年南新町（現・函館市元町）に建設された裁判所である。翌９年には「函館地方裁判所」と改称し、福島上等裁判所（後に宮城上等裁判所）の管轄下に入った。

雪景の函館裁判所 [北海道]

撮影者：不詳　撮影年：不詳　画　像：名刺判　鶏卵紙

　新政府は、慶応 4 年（1868）4 月 12 日に、公家の清水谷公考を箱館裁判所総督に任命した。旧幕府管轄箱館奉行杉浦誠勝より業務を引き継いだが、箱館裁判所が箱館府に名を変えるとともに箱館府知事に就任した。その後も箱館府と箱館裁判所の名前がしばし混用された。こちらは五稜郭に開設された最初の函館裁判所である。

札幌神社［北海道］

撮影者：不詳　撮影年：不詳　画　像：名刺判　鶏卵紙
　昭和 39 年、北海道神宮と改名した。北海道札幌市中央区にある神社。

幌内炭坑 [北海道]

撮影者：不詳
撮影年：不詳
画　像：鶏卵紙

　北海道の幌内村（現・北海道三笠市）にあった炭坑。当初はお雇い外国人に石炭層の発見・採炭・輸送の指導を受けて、採掘していた。

豊平橋正面景 [北海道]
撮影者：武林盛一
撮影年：明治9年（1876）
画　像：鶏卵紙
　豊平橋は札幌市の豊平川に架かる橋である。橋は
アメリカ人技師のN・W・ホルト設計による日本初
の洋式橋梁「木造トラス橋」で、明治8年（1875）
12月に竣工した。橋脚を3ヶ所に設け、大小2橋
を架けていた。しかし、明治10年の洪水で破損した。

大沼 [北海道]
撮影者：不詳
撮影年：明治37年（1904）
画　像：鶏卵紙
　明治37年（1904）に鉄道が
開通した時に撮影された。

石狩 [北海道]
撮影者：不詳
撮影年：不詳　画　像：鶏卵紙

炭鉱鉄道追分機関区 ［北海道］
撮影者：不詳　撮影年：明治中期　画　像：鶏卵紙
　追分は、北海道南部、胆振支庁管内勇払郡にあった。

炭鉱鉄道追分停車場 ［北海道］
撮影者：不詳　撮影年：明治中期　画　像：鶏卵紙
　明治 25 年（1892）、北海道炭鉱鉄道会社が追分〜夕張間鉄道を開通。明治 26 年には本格的営業に入り、旅客運送にもあたる。

小樽堺町の奇岩「立岩」

[北海道]

撮影者：不詳
撮影年：明治初期（1868〜1872）
画　像：鶏卵紙に手彩色

　小樽の奇岩「立岩」は北海道小樽市堺町の海岸にあった。明治2年（1869）、明治政府は蝦夷に開拓使を置き、「蝦夷」を改め「北海道」と称し「オタルナイ」を「小樽」と改めた。明治5年、小樽の色内村に石造埠頭が築造され、翌年完成した。さらに明治13年には、小樽一札幌間の鉄道が開通して、「札幌の玄関」として発展した。この鉄道の開通は、北海道最初でもあり、全国でも3番目の快挙であった。

アイヌ代表者と箱館奉行所の役人 ［北海道］

撮影者：フレドリック・W・サットン　撮影年：慶応3年（1867）7月頃
画　像：鶏卵紙に手彩色
　数年に一度の箱館奉行との謁見礼のために訪れたアイヌ2人と
奉行所の役人。アイヌは晴れ着である羽織をまとっている。同時
期に箱館に入港していた英国測量艦の軍人サットンが撮影した。

アイヌの人びと ［北海道］
撮影者：小川一眞　撮影年：不詳
画　像：鶏卵紙に手彩色
　おもに北海道・樺太に住み、古くにはコタンと呼ばれた集落を
形成し、狩猟や漁労等で生活していた。独自の生活様式を営み、ユー
カラ（叙事詩）などの貴重な伝統ある文化を築いていた。

胆振国千歳郡の人家 ［北海道］
撮影者：スティルフリードか
撮影年：明治14年（1881）
画　像：鶏卵紙に手彩色　210×269mm
　支笏湖を源流とする千歳川で鮭漁をする住人と民家。

アイヌの住居と住人
［北海道］

撮影者：不詳
撮影年：不詳
画　像：鶏卵に手彩色
　アイヌの家屋は「チセ」
と呼ばれ、自然木を素材
とした簡素な木造建築で
ある。地域により採れる
植物で違っているが、エ
ドマツ・トドマツ・キハ
ダなどの樹皮やササなど
を屋根や壁に使った。

アイヌ集落 [北海道]

撮影者：不詳
撮影年：不詳
画　像：鶏卵紙

　アイヌの伝統的な家屋は茅葺の掘立柱建物（チセ）である。家の周囲には高床式倉庫（プー）があり、熊飼育用の檻（ヘペレセッ）などを配置して、数家族が集まって集落（コタン）をつくっていた。

アイヌ集落 [北海道]

撮影者：スティルフリード
撮影年：不詳
画　像：鶏卵紙

　屋根が高い方が母屋で、母屋の前に低い屋根の小屋（左側）が附属する。家屋の裏（右側）は神聖な区域で、木幣を置く祭壇がある。

アイヌ家屋と祭祀の場
[北海道]

撮影者：不詳
撮影年：不詳
画　像：鶏卵紙　95×140mm

　アイヌの家屋の東面には、神の出入りする窓が設けられている。そこからみえる屋外の位置には、さまざまな神に捧げられるイナウ（けずりかけ）を立て並べられた祭祀の場（ヌササン）が設けられていた。

丸木舟で川を渡るアイヌ［北海道］

撮影者：武林盛一
撮影年：明治10年頃（c1877）
画　像：鶏卵紙に手彩色　60×90mm

アイヌのピリカメノコ［北海道］

撮影者：不詳　撮影年：不詳　画　像：鶏卵紙

ピリカメノコとはアイヌ語で「美しい女性」と
いう意味。

馬上のアイヌ [北海道]
撮影者：井田孝吉
撮影年：明治10年〜明治13年頃
　　　　（c1877〜c1880）
画　像：鶏卵紙に手彩色　210×165mm

アイヌの家族像 [北海道]
撮影者：三嶋常磐　撮影年：明治初期（1868〜1872）
画　像：鶏卵紙
　札幌市の武林盛一写真館の三嶋常磐が作成。

アイヌ [北海道]
撮影者：スティルフリード
撮影年：不詳　画　像：鶏卵紙に手彩色

棒を持つアイヌ [北海道]
撮影者：スティルフリード
撮影年：不詳　画　像：鶏卵紙に手彩色

アイヌの人びと [北海道]

撮影者：スティルフリード
撮影年：不詳
画　像：鶏卵紙に手彩色
　　　　240 × 194mm
　中央の男性 2 人は鉄砲（火縄銃）
を手にしている。

馬に乗るアイヌ [北海道]

撮影者：不詳　撮影年：不詳
画　像：鶏卵紙に手彩色
　　　　244 × 191mm
　馬は、江戸時代に東北地方か
ら移入され発達した北海道和種
馬（いわゆるドサンコ）。

対雁移住の樺太アイヌ [北海道]
撮影者：内田九一　　撮影年：明治8年頃 (c1875)
画　像：鶏卵紙に手彩色　165×210mm
対雁（ツイシカリ）とは、現在の石狩市。樺太アイヌが、
政府の命により北海道の対雁に移住させられた。

対雁移住の樺太アイヌ
[北海道]
撮影者：内田九一
撮影年：明治8年頃 (c1875)
画　像：鶏卵紙に手彩色
　　　　95×140mm

◆執筆者紹介

井上光郎（写真史家）

石黒敬章（古写真蒐集家）

谷野 啓（一般財団法人 日本カメラ財団　常務理事）

田村昌彦（一般財団法人 日本カメラ財団　文化部部長）

目良夏菜子（一般財団法人 日本カメラ財団　文化部学芸員）

井桜直美（日本カメラ博物館古写真研究員）

塚越俊志（東洋大学非常勤講師）

◆装丁

グラフ（新保恵一郎）

◆編集協力

株式会社リゲル社／美濃部苑子

秘蔵古写真　紀行

2019年12月10日　第1版第1刷印刷　　2019年12月20日　　第1版第1刷発行

監　修　日本カメラ博物館

発行者　野澤伸平

発行所　株式会社　山川出版社

　　　　〒101-0047　東京都千代田区内神田 1-13-13

　　　　電話　03(3293)8131（営業）　03(3293)1802（編集）

　　　　https://www.yamakawa.co.jp/

　　　　振替　00120-9-43993

印刷所　半七写真印刷工業株式会社

製本所　牧製本印刷株式会社